在故宫

我在故宫画小画儿

陈乐 绘著

译林出版社

图书在版编目（CIP）数据

我在故宫画小画儿 / 陈乐绘著. -- 南京 : 译林出版社, 2024. 11. --（在故宫）. -- ISBN 978-7-5753-0203-6

Ⅰ. K928.74-64

中国国家版本馆 CIP 数据核字第 2024UQ1920 号

我在故宫画小画儿　陈乐 / 绘著

项目统筹　荆文翰
责任编辑　许　丹　荆文翰
装帧设计　刘庆海
版式设计　吴　悠
特约设计　赵怡然
校　　对　王　敏
责任印制　董　虎

出版发行　译林出版社
地　　址　南京市湖南路 1 号 A 楼
邮　　箱　yilin@yilin.com
网　　址　www.yilin.com
市场热线　025-86633278
排　　版　南京新华丰制版有限公司
印　　刷　苏州市越洋印刷有限公司
开　　本　890 毫米 ×1240 毫米　1/32
印　　张　8.5
版　　次　2024 年 11 月第 1 版
印　　次　2024 年 11 月第 1 次印刷
书　　号　ISBN 978-7-5753-0203-6
定　　价　88.00 元

总 序

故宫，曾经的“紫禁城”，明清两代的皇宫，建成于1420年，至今已有六百余年的历史。

作为世界文化遗产，故宫拥有世界上现存规模最大、保存最完整的古代宫殿建筑群，其独特的建筑遗存，是中国古代宫城发展史上现存的唯一实例和最高典范。故宫还拥有数量庞大的皇家旧藏，其时代涵盖新石器时代至近现代各个历史时期，这些藏品既反映中国明清时期的宫廷文化和典章制度，又展现中国古代艺术发展的历史脉络，见证了中华文明的源远流长。

基于优越的资源禀赋，为了保护文物免遭破坏，故宫博物院于1925年正式成立，被时人赞誉为“辛亥革命未竟之事业”。

生于变革时代，故宫博物院始终与国家命运、民族存亡休戚与共。它经历了北洋军阀临时政府执政下的四次改组，到国民政府北伐成功后有短暂发展，其间文物清点、古建修缮、展览陈列、库房修建、对外交流、出版传播等事业均渐次起步。“九·一八事变”爆发后，为保文物安全，故宫先辈们在1933年到1946年间，护送一万多箱国宝先后南迁华东、避地西南，行程数万公里。在极端艰苦的条件下，还开展多次国内外文物展览，谱写出一曲文化抗战的壮歌。

随着中华人民共和国的成立，故宫博物院揭开了新的历史篇章，各项工作陆续恢复并取得显著成绩。故宫博物院作为同时具备建筑、艺术、历史等特色的大型综合性博物馆，在国际公认的“原址保护”与“原状陈列”基本原则指导下，向公众展现悠久灿烂的中华文明。

新时代的故宫博物院进一步明确了办院指导思想，即“以习近平新时代中国特色社会主义思想为指导，深入落实保护第一、加强管理、挖掘价值、有效利用、让文物活起来的新时代文物工作要求，真实完整地保护并负责任地传承弘扬故宫承载的中华优秀传统文化，以平安故宫、学术故宫、数字故宫、活力故宫建设为支撑，将故宫博物院建成国际一流博物馆，世界文化遗产保护的典范，文化和旅游融合的引领者，文明交流互鉴的中华文化会客厅”。明确的历史使命、实现路径和愿景目标，进一步指引故宫博物院各项工作的可持续和高质量发展。

在故宫博物院的百年历程中，大批具有家国情怀、奉献精神、使命担当的专家学者汇聚于此，形成了故宫特有的典守精神和严谨的治学传统，也形成了故宫人积淀深厚的精神内核。

故宫人，是一支拥有矢志不渝家国情怀的践行者，是一众具有吃苦耐劳奉献精神的耕耘者，是一群坚持不懈接续奋斗的文化传承者。先行的故宫人筚路蓝缕、龃龉前行，在艰苦条件下赓续文脉；后继的故宫人满腔热忱、脚踏实地，面对新时代的机遇与挑战守正创新。一代又一代的故宫人执着守望、辛勤奉献，维护了故宫及其馆藏文物的真实性与完整性，推动了故宫博物院各项事业的持续发展，并深刻影响了近现代中国博物馆的发展历程。

当下，故宫博物院新成立的故宫学研究院与译林出版社合作推出的这套“在故宫”丛书，通过“故宫人讲故宫”，介绍故宫人的学术研究和工作日常，既体现故宫研究的重要成果和最新进展，也积极回应公众的好奇与关切，以亲历者极具现场感的讲述，传递故宫人的精神，也传播故宫承载的中华优秀传统文化。

在故宫，感受故宫人的坚守与执着。

在故宫，守护好故宫这份人类共同的文化遗产。

故宫博物院院长 王旭东

谨以此书献给 LX

目录

中编　故宫人的角角落落

下编　细节背后有深意

引言

故宫风景常有，而画风景的人不常有。

一辆单车，简单的画具，再配上一个爱画画的人，如此便能来一张想画就画的小画儿。阿乐是故宫博物院的一名普通职工，每日穿行于这里，看尽了这座城的风云变化。为了给即将退休的同事留作一个纪念，也为了讲述这座城中的故事及对故宫的感情，阿乐萌生了将故宫风景画成小画儿的想法。于是，故宫人眼中的故宫风景就一张张呈现在我们眼前。

上编　那些开放区的风景

一 角楼

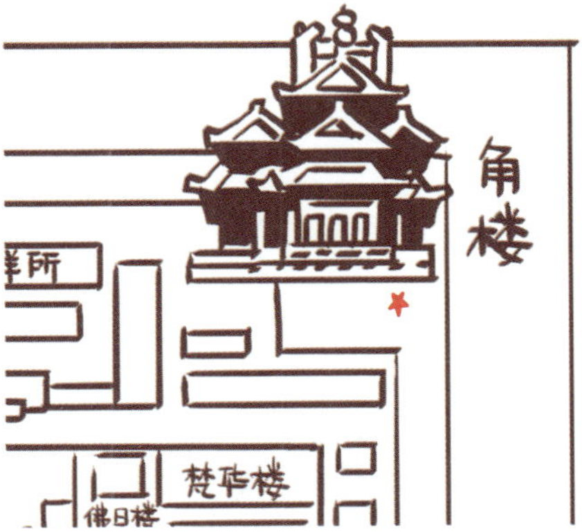

角楼（东北）

角楼是紫禁城四隅城台之上的亭式建筑，一共四座，东西南北各一。随紫禁城建成于明永乐十八年（1420），为紫禁城中建筑之杰作。

角楼之所以被称为杰作，具体要从两方面说起。其一，在建筑外观上，角楼平面呈曲尺形，三重檐，四面各三间，明间出抱厦，面向城台面之两面各开一门，其余皆为槛窗，三交六椀菱花隔扇门窗，独具一格。其二，在内部构造上，有9梁、18柱、72条脊之说，间以蓝绿为主调的旋子彩画，黄琉璃瓦，朱漆门窗，白石台基，十分考究。

西北角楼

东北角楼

角楼其实严格意义上不能算作开放区域，但因不论是在紫禁城内或外，均能驻足眺望到它，是故宫标志性建筑，所以姑且算在此标签下。

曾经有段时间东南城墙开放，大家可以沿着城墙坡道一路上行，顺着城墙抵达与东北角楼平行之处（印象中当时还能进去参观，内里的数字屏幕有相关 VR 视频播放）。我也因而发现角楼角梁上的套兽是有大象鼻子的象鼻龙，与文渊阁院内碑亭角梁上的套兽为同一种类。不但造型与表情好玩儿，且相当少见，故而当年午间总是溜达过去画画儿。如今想来，虽再见之日难以估量，但也并不感觉遗憾。

最近几年单位开了家角楼咖啡馆，贩卖咖啡、茶饮与点心，满足游人在此休憩、赏景之心愿。它建立于宫外，位置靠近西北角楼，即使不进宫参观也不妨碍打卡此处。尤其周一闭馆期间，内里十分清净，是个与朋友小聚的好地方。当日店内更有促销打折活动，午间前往也许能“偶遇”前来采买的各路老中青知名专家老师。

明代李梦阳曾有诗云：“城楼占角分孤峻，野色生烟合杳冥。”虽然此角楼非彼角楼，时间、地点、意境、思绪更不可同日而语，但我偏要“拿来主义”一下，以此作为本篇结尾。

二　南北东西门

南门

北门

日前整理旧时画稿，我才发现竟画了许多门。尤其环绕故宫的四门，更是画了又画。而后脑海里没来由地想起那句“金碧辉煌紫禁城，红墙宫里万重门”。一同想起的还有擅长写吃喝、和单位颇有关联的“馋人”唐鲁孙先生（珍、瑾二妃的堂侄孙），遂想起其知名杂文集《南北看》和《说东道西》。一时间灵光乍现，本篇的名字这就有了。

午门

午门也称南门。清顺治八年（1651）、嘉庆六年（1801）重修。平面呈“凹”字形，正中辟三门，两侧各有一东西向之掖门，为“明三暗五”形式。午门属于紫禁城内最高的建筑，正楼左右各有三间钟鼓亭，两翼各设庑廊十三间，庑廊南北两端各建阙楼一座，与正楼合称五凤楼。门前御路左设嘉量，右设日晷，门内左右两侧有马道连接城垣上下。

这里是大家参观故宫的入口。虽不常出入于此，但我对这里的印象却深：记得当年大学毕业前来应聘的时候，通知在神武门集合，路痴本人竟跑去了午门……所幸抵达时间尚早，紧着捣腾两条小短腿儿愣是顺着中轴线一路向北赶到神武门，还

神武门

没迟到。所以相较之画画儿，咱可能更擅长健步走。

神武门又称北门。初名玄武门，清康熙年间因避康熙帝玄烨名讳而改称今名。神武门与午门的类似之处在于：它也是有门洞三券，各宫门两扇。不同之处则是：门楼内设钟、鼓，隶属銮仪卫。钦天监每日有博士一员，轮值此门，指示更点，按时鸣钟、鼓。皇帝住宫内时只打更不鸣钟。帝后从此正门出入，嫔妃、官吏、侍卫、太监及工匠等均可由此偏门出入。清代选秀女等也从此门进出。明代门外设市，月逢四则开市，谓之内市，取“面朝后市”之义。

东华门

东华门简称东门，位于紫禁城东城墙南段。城台高约 10 米，汉白玉须弥座，辟三门，拱形。台上置城楼。门外立下马碑石，门内金水河自北向南流过，上架石桥一座。大行皇帝、皇太后与皇后的梓宫（棺材）皆由此门出。清嘉庆年间林清之变（天理教起义）时，太监引领农民军自此及西华门同时闯入紫禁城。

西华门

西华门简称西门，它和东华门的建制大体相似，门外也有下马碑石，但门内无金水河南北流过，更无石桥，倒是曾贮存阅兵所用棉甲。另外，清代帝后出游西苑、西郊诸园也多出此门。

对于员工而言，东、西华门相对好走。二者相较之下，还是要根据工作地点在哪一区域就近选择。至于南门，是游客进入故宫的通道，一般情况下无法出入。北门则因承载游人出故宫的使命，所以只周一闭馆期间相对易行。不过仔细想来上述分析也不一定全面，只能说骑自行车是如此。最终还是得看以何种交通工具出行，具体问题具体分析。

西华门门洞

至于阿乐的最爱，其实是各门的门洞：冬暖夏凉，安安静静，实在是适合画画的好去处啊。

三 文华殿与武英殿

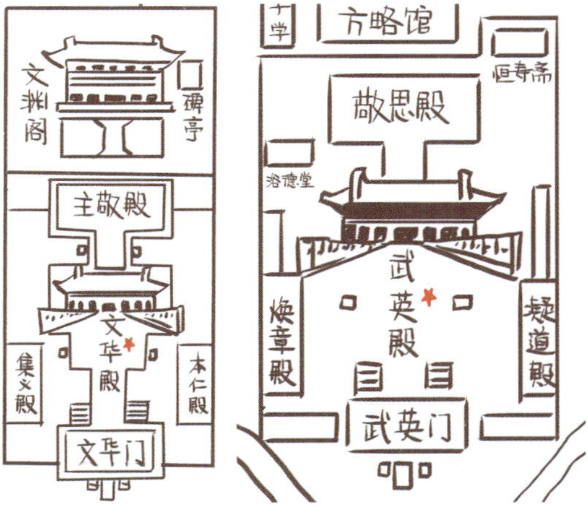

文华殿与武英殿

因为颇有关联，故而将文华殿与武英殿放在一起谈。

究其原因，二者之间倒也不像乾隆花园与建福宫花园那般错综复杂、彼此成就，主要关联有三：一、建筑建制与格局大致相仿；二、地理位置对称，一东一西，遥相呼应；三、二者展陈与功能曾互换。之前是武英殿展览书画作品，文华殿展览陶瓷藏品，后来调了个个儿，成为如今的模样。

文华殿于明朝初建，位于外朝东侧。明朝初为经筵之所，后为太子之东宫。明嘉靖十五年（1536）复为皇帝经筵之地，十七年建圣济殿于文华殿后（即今文渊阁基址），以祀先医。后来清又延续明朝制度，于康熙二十二年（1683）重建。

指汉唐以来帝王为讲经论史而特设的御前讲席。

武英殿于明朝初建，位于外朝西侧。清同治八年（1869）毁于火，烧毁正殿、后殿、宫门、东配殿、浴德堂等共37间。同年重建。光绪二十七年（1901）武英

武英殿前

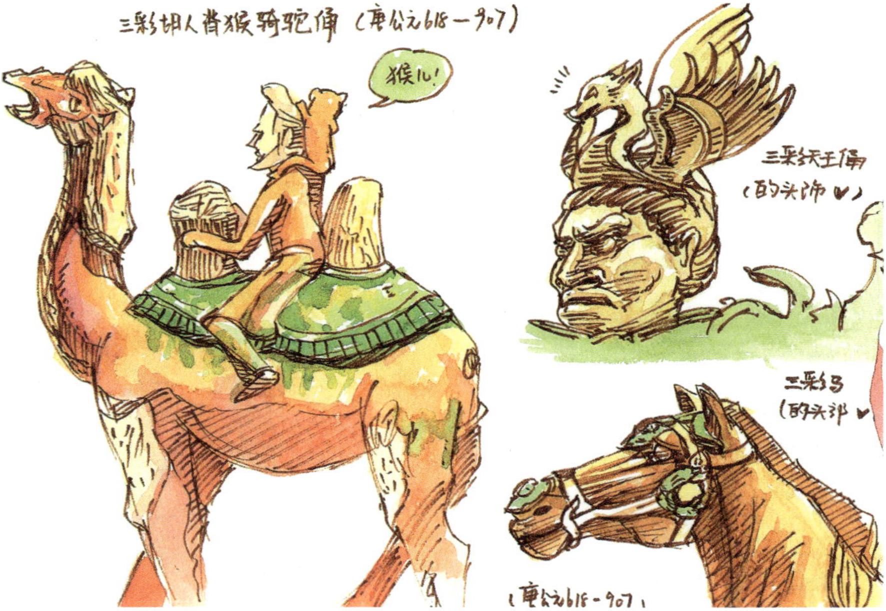

陶瓷馆展陈一

殿遭雷火再次被焚，烧毁正殿、后殿、西配殿、浴德堂等共31间，二十八年重建，三十三年建成。前后殿及左右廊房皆为贮存书籍之处。明初为斋居、召见大臣之地，设有待诏（待命供奉内廷的人），择能画者居之，后移文华殿；明代亦曾为皇后千秋命妇（泛指有封号的妇女）朝贺之地。明末农民起义领袖李自成曾即位于武英殿。清入关之初为多尔衮办事之所；康熙年间开武英殿书局，为词臣纂辑之地；乾隆以后，武英殿为专司校勘、刻印经史子集各书之处，书品甚高，谓之殿本；道光二十年（1840）以后刊书甚少，仅存其名。

若论有趣之处，二者各有千秋，但冥冥之中似乎又都与书

陶瓷馆展陈二

有些缘分。

武英殿比较特别的是后院西北角的浴德堂。对于其功能，学术界有各类推测，众说纷纭。笔者倾向于相信其曾制纸以做书籍之用：“清廷于康熙十九年（1680）在武英殿设立修书处，掌刊印装潢书籍之事，凡钦定刊布诸书，俱于此校刊装潢。傅连仲先生认为，古人用纸有生熟之分，熟纸妍妙辉光，生纸非有丧不用，经涂蜡或者蒸煮为熟纸，反之是为生纸，染纸则是用水和色浸染。浴德堂后连属之穹窿顶建筑，实为修书处在装潢过程中完成熟纸、染纸、染帛等工序之用，相当于现在的积水池。浴德堂以浴为方首，非为洗浴身体所冠，是为校刊书籍

文华殿前的海棠，陶瓷馆时期

之儒浴于道德而正己。”（引自王子林《紫禁城中浴德堂功用的六种可能之修书装潢说》）

文华殿后面的文渊阁则是座藏书楼。建筑看似朴素，实则大有门道。具体可在《文渊阁》一篇中了解一二。

另，文华殿还有一大看点是殿前种植的若干海棠树，每年春季花开，景色就变得十分浪漫，引得身着各朝服饰的少女成群接踵而来，一时间殿前拍照者无数，自成别样风景。院内的话剧社更是以该树为引子编排话剧一出，名为《海棠依旧》，讲述的是民国时期故宫文物南迁背景下的故宫人和故宫事。

四 断虹桥与十八槐

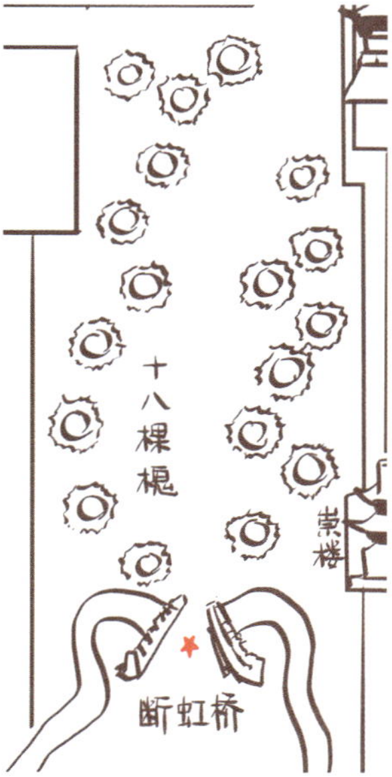

断虹桥与十八槐

断虹桥与十八槐是挨着的。

断虹桥位于熙和门外、武英殿之东，为一座南北向汉白玉石桥，是紫禁城内比较著名的桥之一。桥上有大名鼎鼎、形态各异的小石狮子，关于它们有着各类传说，阿乐却更喜欢桥下两侧虎头虎脑的蚣蝮。相传蚣蝮是中国古代神话传说中的龙生九子之一，喜水（也有传是它在掌管紫禁城水系），故而总与桥

断虹桥畔十八槐

断虹桥上形态各异的小石狮子

断虹桥上的小石狮子与桥头的石兽

相伴。另外，桥头的“镇桥”石兽也雕刻得栩栩如生。

断虹桥北面道路两侧各有一片树林，著名的十八槐就在这里。虽然被称作十八槐，但这里的树却不止十八株。事实上除了 20 世纪五六十年代栽种的十八棵国槐外，还有十七株古树，另有一些银杏也穿插种植其间。由于树的种类、年龄不同，造就了该区域每个季节各有特色的风景。在画画儿的人眼中，它们被四种不同的颜色区分开来：春天是青绿色，夏天是深绿色，秋天是金黄色，而冬天光秃秃的树枝则是褐色。

印象最深的是夏天与秋天。夏天天气闷热时路经这里，一片片树荫总能带来凉意与湿润，焦躁的心情也平静了下来。秋天银杏叶黄了，再加上夕阳做衬，总能让人想起小柯的那首《北

秋天的十八槐

京秋天的黄昏》。更有随秋天而至的银杏果实（白果）相继落下。虽然闻起来臭臭的，但是拾回家做白果炖鸡或盐焗白果都是好滋味。

同事们喜欢这里，闲暇时总会结伴来散步；小动物也喜欢这里，运气好时能偶遇小猫和小松鼠。另外这儿还是一处乌鸦聚集地，每天都能看到它们或盘旋，或落定集结于一处，发出“啊！啊！”的声音。法国画家夏尔·乔得龙也很喜欢这里，他擅长以水墨绘风景，用黑白两色表现阳光。他于 2002 年 10 月 10 日开始进入紫禁城写生，前后长达三年，《紫禁城》杂志还对他进行采访并刊登了部分画作（见《紫禁城》2005 年 3 月刊

《穿越时空的永恒阳光——一位法国画家笔下的故宫》，其中一张便是他画的断虹桥。他在对此画的诠释里写道："二〇〇三年十月五日断虹桥、武英殿。坐在紫禁城里最古老的桥栏上，这座桥记录着从明朝初期开始一直到现在的历史，它只有一个名字：断虹桥。"）

数十年后，我也画到了此处，不禁有一种隔着时空与这位画家对话的感觉，还真是奇妙呀。

断虹桥上看

五 慈宁宫

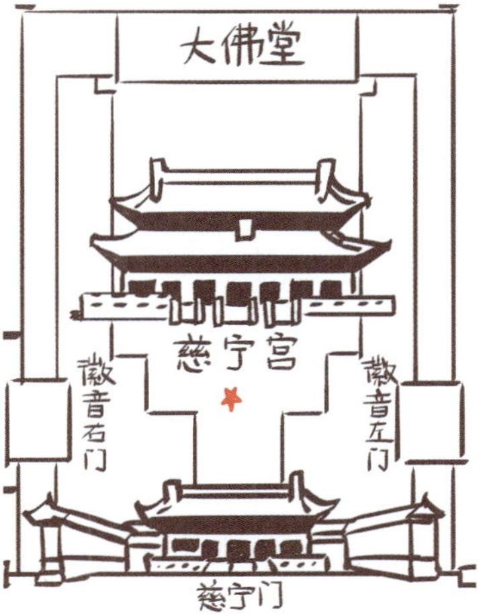

慈宁宫

慈宁宫位于紫禁城内廷隆宗门外西侧，于明嘉靖十五年（1536）在仁寿宫故址上撤大善殿而更建，为明朝前代皇贵妃等所居。清沿明制，于顺治十年（1653）重建，始为皇太后所居之正宫。乾隆三十四年（1769）兴工改建，才有了今日之规模，宫前月台上如今仍陈设铜鎏金香炉四座。顺治帝（福临）在《圣母皇太后万寿诗其二十》中曾写过一句“瑞霭祥光接太和，慈宁宫殿迥嵯峨”，说的便是此处。

明万历年间慈圣李太后，泰昌元年（1620）神庙郑皇贵妃、东宫昭妃等在此居住。清顺治十年孝庄文皇后（清太宗之庄妃）始居于此，后各代皇太后及太妃、嫔等均曾居此宫及寿康宫。后为太后举行典礼的殿堂，凡皇太后圣寿节、上徽号、进册宝、公主下嫁等均于此庆贺。皇太后崩，亦奉安梓宫于此，帝至此行祭奠礼。

上徽号：臣下进给皇帝尊号、嗣皇帝尊前皇帝为太上皇、尊前皇后为皇太后、尊前皇太后为太皇太后等的一种古代礼制。

册宝：大臣为皇帝或太后等上尊号加以称颂时奉上的物品：册即册书，以条玉加以红线相连，可以卷舒，以金填字；宝即印章。

其实准确来讲，这里隶属慈宁宫区域，慈宁宫作为该区域的主体建筑存在。而该区域的展陈则主要分为六个：雕塑荟萃馆，佛教造像馆一展室、二展室，汉唐陶俑馆，砖石画像馆与修德白石馆。一路走下来，十分长知识。

众所周知，佛教是世界三大宗教之一。佛教造像在两汉之际传入中国，经过与中国传统文化的融合，逐渐创造出有自己特色的造像体系。而时代不同、社会审美不同又令它产生了不同的艺术风格：魏晋南北朝时期的佛像形体消瘦清秀，佛装多褒衣博带式；隋唐时期佛像比例协调，形体圆润饱满（特别是罗汉，多以现实人物为原型塑造而成，面貌多样，神态生动）；元明清时期匠人对铜、瓷、泥、木、石等诸多材质的特性掌握得更加得心应手，令佛像种类丰富多彩。

北魏太和前后出现的一种佛装。它的特点是领子低垂，胸前系宽大带子，有点类似于汉魏士大夫的服饰，故称之。

佛教造像馆展陈

俑是中国古代用于陪葬的陶质、木质或其他材质做成的偶人（现代通常也把墓葬中出土的镇墓神兽与各种动物归属俑类），是中国古代文化的重要组成部分，其丰富的历史和文化内涵更是研究中国古代社会习俗、服饰及雕塑艺术的重要参考。

故宫博物院藏有大量陶俑，几乎涵盖了中国陶俑发展历史的全过程，其中又以两汉、魏晋南北朝、隋唐时期数量最多。两汉陶俑在继承秦兵马俑创作方法的同时更注重对社会生活的反映，并逐渐形成西安、徐州、洛阳、四川、广州等不同地域的不同风格。魏晋南北朝陶俑分为南、北两大系统，衣冠服饰各有传承。隋唐陶俑题材广泛，特征鲜明，中外文化交流成为工匠的重要创作题材之一。女俑肥胖，仪态雍容；三彩俑色彩斑斓，制作精良。隋唐陶俑堪称当时标志性的工艺美术品种。五代以后，受经济与社会风尚变化的影响，陶俑形体趋于矮小，烧造火候不够，胎体粗松，制作工艺呈现衰退趋势。

汉唐陶俑馆展陈一

画像石与画像砖是中国古代雕塑的

汉唐陶俑馆展陈二

重要组成部分。汉代画像石分布广泛，主要集中在今山东、河南南阳、江苏徐州、陕西北部、四川等几大区域。题材包括耕种、狩猎、战争、车马出行、庖厨、宴乐、帝王将相、圣贤隐士、烈女孝子、仙神异兽、建筑物、天体、自然景物、装饰图案等。雕刻方法有阴线刻、浮雕、透雕三种。汉代画像砖内容与画像石相近，系以泥土为原料采用模制方法制作而成，形体相对较小。隋唐时期画像砖以青龙、白虎、朱雀、玄武及镇墓武士等内容为主，而宋金元时期的砖雕以二十四孝、社火、杂剧题材居多。

修德白石馆展陈

至于修德白石馆内展出的，则是河北省曲阳县修德寺旧址于1953—1954年出土的2000余件石制佛教造像。它们的年代跨越北魏、东魏、北齐、隋唐数朝，时间长达230余年。相较之砖石画像馆，修德白石馆内的展品造型活泼有趣，雕刻工艺生动讨喜，风格也各有特色，可能更能为普罗大众接受。

不知是不是因为此处曾居住着太妃太嫔，而历代又“以孝为先”的缘故，慈宁宫区域不论宫殿主体还是建筑细节都比其他地方要精致不少，并且还是个“动物聚集区”。具体按体型大致分了两类：比较大的有门口的一对“看门”铜鎏金麒麟、慈宁宫前的铜龟和铜鹤——造型活泼、栩栩如生；比较小的有通风口的图案，多为牛、羊、兔、松鼠等——除了有透风之功能外，更兼具吉祥寓意。

喜欢慈宁宫其实还有一个很私人的原因：每年夏天的阴雨天，走在这儿附近，空气中总弥漫着一股淡淡的、写毛笔字用的墨汁味道。有人说那是松香味儿，也有人说闻着像桐油，令阿乐想起小时候酷爱书法的爷爷家的味道，既熟悉又令人怀念。

慈宁宫前的铜龟与铜鹤

因为地处西边支路、不在中轴线上，故而这里相对冷门，游人不多。也因此十分静谧，吸引不少画家驻足。而毕竟“爱故宫之人常有，画故宫之人罕见”。每每遇到，阿乐总会化身追星小粉丝一枚，悄悄挪过去观看，心里别提多开心了。

总之，这里很适合驻足慢慢欣赏，且每次都有新发现。哦，对了，逛累了别忘记拐个弯儿，前往隔壁的慈宁宫花园去小憩一下呀。

在永康右门前北望慈宁宫

六 慈宁宫花园

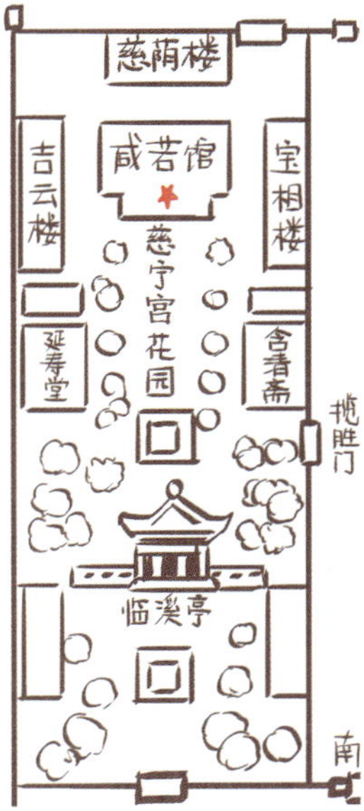

慈宁宫花园

慈宁宫花园位于慈宁宫南，以前是皇太后、太妃嫔们休憩、礼佛之所。它比乾隆花园、御花园、建福宫花园的规模略小，再加上陈设不多，故而来此参观的游人也相对较少，在故宫的花园中算是比较清净的一处。但其实它有很多亮点。

花园里的亭子很多。阿乐也是后知后觉才发现，整个故宫的亭子在花园里坐落的数量最多，这大概是它有别于其他建筑

临溪亭

类型。特点至于建亭的原因，则是为了在花园游玩时可随时停下、赏景，同时亦能乘凉、休息。在慈宁宫花园中，可追溯的亭子共有四处：端化亭、翠芳亭、绿云亭与临溪亭。据记载，翠芳亭内还有一处流杯渠，水取自亭南的井亭。想来此渠若是能保留至今，应该会像乾隆花园内禊赏亭的流杯渠一般：在渠内有水时，便将酒杯放在水中传送，效仿王羲之《兰亭集序》中的文人聚会、曲水流觞，营造雅致画面。可惜现如今翠芳亭与另两处亭子早已荡然无存，只留存临溪亭一处。写到这里不免慨叹连连。

慈宁宫花园内的植物也不少。最稀奇的要数花园西北角（吉云楼北）、宫中唯一的一处“槐柏合抱”景观：一株槐树和一株柏树因根部生长在一起，而形成相抱之态，稀有而独特。槐树生命力较强，使得柏树生长受到抑制、已经死亡。虽然遗憾，却也自成一景。

咸若馆是慈宁宫花园中的主体建筑，位于花园北部正中。馆内为佛堂，有不少礼佛器具，乾隆三十六年（1771）曾在此添造挂龛二十四座。咸若馆后的慈荫楼是一座藏经

慈宁宫花园最南端的假山

槐柏合抱

楼。乾隆三十六年后，曾将一部《甘珠尔经》收藏于此。咸若馆东侧的宝相楼内曾摆放乾隆年间造掐丝珐琅塔六座。此外，还有佛龛、供桌及佛像数尊。西侧的吉云楼则与宝相楼相对，其内也为佛堂。

慈宁宫花园内的建筑大有“麻雀虽小，五脏俱全”之感。这里有别于其他花园的地方是最南边假山后有一扇暗门，从正面完全看不出来，在平日里被假山掩藏得很好。这种构造设计在建筑史上因为不多见而显得十分新鲜。

慈宁宫花园的小鹿

啃自己脚指头的小鹿

2017年秋天，慈宁宫花园又迎来了一个新亮点：配合故宫博物院举办的“天禄永昌——故宫博物院藏瑞鹿文物特展”，花园里迎来了九只承德避暑山庄的梅花鹿。这些小生灵为花园带来了生机，更引得小动物爱好者如我频繁跑去探望。院里还贴心地找来专业饲养员照顾它们的饮食和健康。到了冬天，气温骤降，天气冷了起来，小鹿便被送回了避暑山庄，现在我也只能看看小画儿聊表思念。

七 翊坤宫与储秀宫

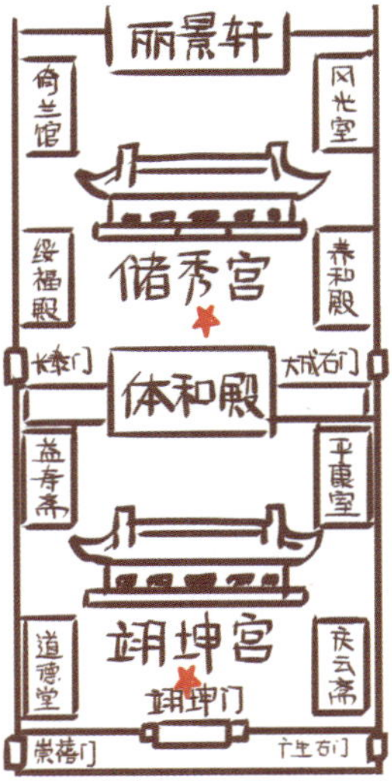

翊坤宫与储秀宫

翊坤宫为内廷西六宫之一，初曰万安宫，嘉靖十四年（1535）改曰翊坤宫。清沿明旧，于顺治十二年（1655）、光绪十年（1884）重修。明清为妃嫔所居。

储秀宫也同样是内廷西六宫之一，原名寿昌宫。宫殿外檐的装修中“卐”字样装饰很多。室内明间正中则设地平宝座，上为乾隆御笔题匾“茂修内治”。此处明代为妃嫔所居，清代为

储秀宫

后妃所居住。清晚期，为慈禧住地许多年。

也是突然发现几乎没怎么写过西六宫相关内容，于是拎出翊坤宫与储秀宫来说。之所以把它们归于一处，并不仅仅是因为两座宫殿紧靠，远亲不如近邻，更因二者拥有各类联系。具体则为：

一、建筑结构类似：翊坤宫的外檐装修与储秀宫相同，为清光绪时所改。

二、装修合二为一：翊坤宫原为二进院，光绪十年为慈禧太后五十寿辰，耗银 63 万两修缮改建。具体为拆除宫门储秀门和宫前院墙，将翊坤宫后殿打通为穿堂殿，东西耳房亦改一间

翊坤宫前的铜凤

为通道，连通储秀宫与翊坤宫成四进院落。

三、展陈类型一致：现如今两座建筑完好，都是宫廷生活原状陈列。

细细想来，这两座宫殿的看点似乎不少。具体则为：

一、储秀宫前院陈设铜龙与铜梅花鹿，为光绪年间增设。翊坤宫前则陈设铜凤，造型工艺都颇具美感。

二、储秀宫的丽景轩，以前曾有“溥仪生活展”。犹记得该展是在古色古香的室内复原当年中西合璧风格的宫廷生活场面：展品有西式餐具、吊灯、电话……墙上挂的则是油画像。近几年此处则改作商店售卖故宫博物院的各类文创产品，似乎还提供盖章“业务”。

三、翊坤宫正殿内悬挂有清乾隆皇帝御笔题匾“懿恭婉顺”。慈禧太后住储秀宫时，每逢重大节日都要在此接受嫔妃们的叩拜。现如今宫内正殿里有不少原状陈列，充分还原了当年的居住场景细节。

四、储秀宫曾经为慈禧太后的居所，其饮食生活、起居习惯可以在《宫女谈往录》中一探究竟。搭配此书阅读后再逛储秀宫更有新体验与新视角。

综上所述，细究之下，还是储秀宫更为有趣。也盼大家行到此处之时多多逗留，流连而忘返。

八 御花园

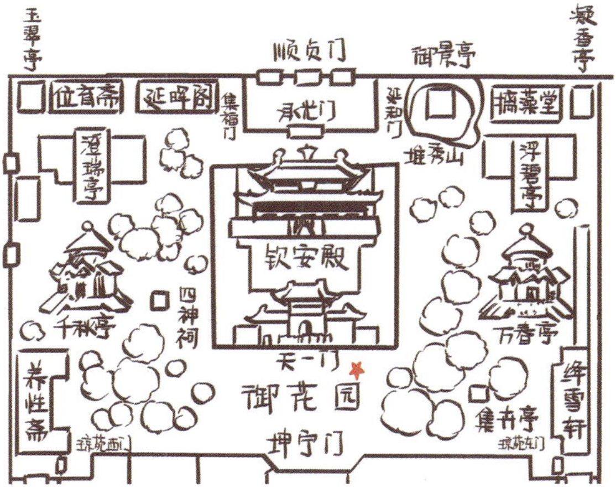

御花园

御花园想必是每个来故宫参观的人都不会错过的地方，今天我们就来说说。明代称其为“宫后苑”，至清代其功能依旧沿用，是明清两代帝后妃嫔玩赏休憩之御苑。同时，它也是紫禁城中建造最早的一处花园，清代选秀女曾在这里进行。

冬日雪后养性斋前的假山

春夏之时养性斋前的假山

总能听到来往游人埋怨这里的空间太小、逛得不过瘾。想来也是，相比圆明园、颐和园等大型皇家园林，它的面积的确袖珍。但若能放慢脚步，仔细观察，便会发现这里步步成风景、处处皆有趣，实在大有看头。

御花园内的建筑精巧，自成一派，且一年四季景观不同、各有千秋。印象最深的是养性斋、堆秀山与御景亭（翻看画本时，发现反反复复画得最多的也是它们）。养性斋初名乐志斋，清嘉庆帝、道光帝常常御临此处；溥仪也曾在这里学习英文，其英文教师庄士敦更曾居于此处。至于堆秀山、御景亭，则是明代帝后九九重阳节时登高之所。登上堆秀山，站在御景亭中，向北能够俯瞰景山、北海公园，向南则可以将紫禁城风光尽收眼底，委实是个赏景的好去处。

在神武门城楼上平视堆秀山上的御景亭

阿乐经常逛御花园，且每次都是欢天喜地，像小朋友去动物园一般开心，这当然是因为御花园好玩，但它具体又好玩在哪儿呢？

御花园的好玩之处在于园中摆放的怪石与陈设怪石的须弥座。怪石的造型千奇百怪，为花园增添活泼气息。须弥座的雕刻工艺精湛，雕刻的图案也很讨喜，多为小动物题材。

本指安置佛、菩萨像的台座，后来代指建筑装饰、石头、影壁等的底座。

御花园的好玩之处在于园内的百余棵古树。松柏修竹，常年碧绿，其中更

集卉亭附近的怪石

延晖阁与位育斋之间的怪石

天一门“人字柏”的枝杈形如猕猴

有不少姿态“古怪”者，比如被称作“连理柏”的两棵柏树，经由宫廷园艺师之手，树皮被磨掉后靠接在一起，看起来像是一对相拥的爱人；又比如“人字柏”，是将一棵树从根部劈开到干部后分开移植，久而久之便形成“人”字模样。天一门的“人字柏”最特别，枝杈在修剪后竟然形似猕猴，十分逗趣。

御花园的好玩之处还在

怪物喷泉

于园中总能找到各类祥瑞神兽：堆秀山下的怪物喷泉、天一门前的獬豸、承光门一进来左右两侧的金色大象……此外，园内还有万紫千红、四季竞相开放的花草，用彩色石头拼成小火车、大蝙蝠、武松打虎等图案的石子路，天一门前雕有仙鹤的影壁，刻有天马海浪图案的石板……好玩的东西真是数也数不完，每次都有新的惊喜与发现，欢迎大家一起去探寻呀。

石板上所刻的天马海浪图案

天一门前的獬豸

九 摛藻堂

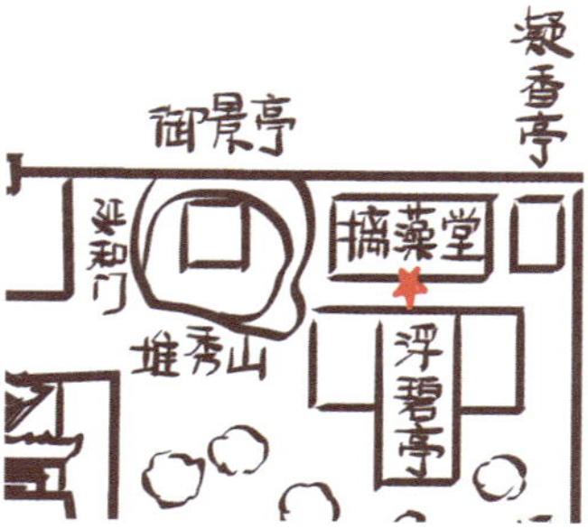

摛藻堂

摛（chī）藻堂坐落在御花园东北部，具体位于堆秀山、钦安殿之侧。

摛藻堂以前是宫中藏书之所，堂内经史子集插架四周，高宗纯皇帝乾隆敕录清《四库全书荟要》排贮于此处。院壁恭刻高宗纯皇帝圣制《古柏行》，石上恭刻《古柏》诗，首四句为：“摛

摛藻堂

藻堂边一株柏，根盘后地枝擎天。八千春秋仅传说，厥寿少当四百年。”

现如今的摛藻堂已成为名副其实的书店，专门销售故宫出版社出版的书籍与文创产品。同时这里也是御花园里阿乐最喜欢的去处：午休时间来这里溜一圈，翻看挑选一会儿，总能收获片刻的宁静，更能高高兴兴地捧书而归。

最后依旧要引述乾隆帝的《题摛藻堂》作为本篇的结束：

摛藻堂迤西

题摛藻堂

浮碧亭阴潇洒居，春风绨几正怡如。
映窗黛郁千年树，插架芸芳四库书。
鉴在胜朝基命密，游惟义府敕几馀。
展编宁贵资摛藻，二典三谟永企予。

十　绛雪轩

绛雪轩

我们来细说绛雪轩。它隶属开放区，位置很是好找，具体位于御花园东南隅。轩内现如今是文创产品商店，也是院里员工所喜闻乐见、经常去晃荡的地方。

此处坐东面西五间，前接抱厦三间，平面呈“凸”字形，明间开门，安风门式隔扇，次间、梢间为槛窗，上为“卐”字福寿支窗。仔细观察，窗上还刻有若干小蝙蝠，“蝠”又通“福”，

绛雪轩的细节

寓意颇好。果然是一处福气满满的美好所在，同时这也是绛雪轩最初吸引笔者的地方。乾隆年间，轩北山接耳房一间。门窗为楠木本色，柱、框、梁、枋饰斑竹纹彩画，也非常别致。

说起绛雪轩得名的原因，其实是源于轩前有琉璃花坛一座。最开始种植的是海棠花，每当蓓蕾初开，都好像红色雪花落满枝头，故而起名绛雪。清代帝王曾为此赋诗不少，乾隆帝曾题《绛雪轩即景》,嘉庆帝亦曾题《绛雪轩海棠》。

绛雪轩迤南

此后不知何时起，轩前海棠不再有，开始种植太平花。《十朝诗乘》中有关于此花的记载：相传出自西蜀青城山中（估计就是现今成都的青城山），初名“丰瑞”（不知和“瑞雪兆丰年”有无太大关联），宋天圣年间（宋仁宗赵祯时期）蜀中献汴都，赐名“太平瑞圣花”。太平花初夏开花、颜色乳白，反倒更接近雪花的颜色，与此处建筑名也更贴合。

绛雪轩迤北

最后依旧要以乾隆皇帝曾为绛雪轩题的诗词作为本篇的结束：

绛雪百年轩，五株峙禁园。
元霜宝为伴，玉字额犹存。
岂必芳华对，常看逸韵骞。
培根真是瑞，色泽那堪论。

十一　钟粹宫

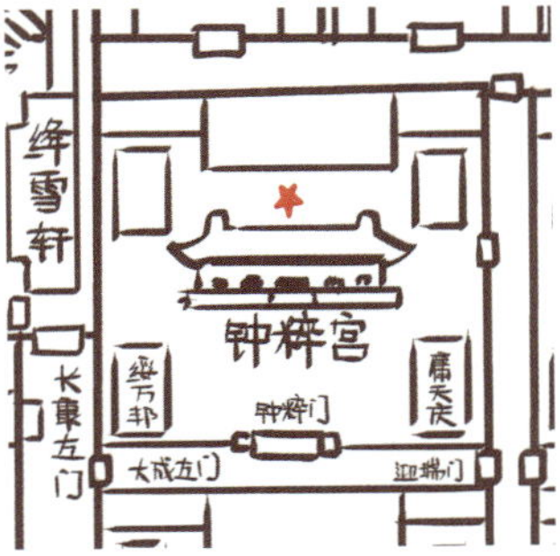

钟粹宫

钟粹宫隶属内廷东六宫之一，初名咸阳宫，嘉靖十四年（1535）更名钟粹宫。隆庆五年（1571）将前殿、后殿分别改名为兴龙殿、圣哲殿，后又复称钟粹宫。钟粹，意为汇集精粹。明朝主要为妃嫔居住，一度为皇太子宫，清代则主要为后妃所居。咸丰皇帝幼年曾居住于此。慈安太后、光绪帝的隆裕皇后亦曾居住于此。

如今的钟粹宫，也是故宫博物院古琴馆的所在之处。古琴，

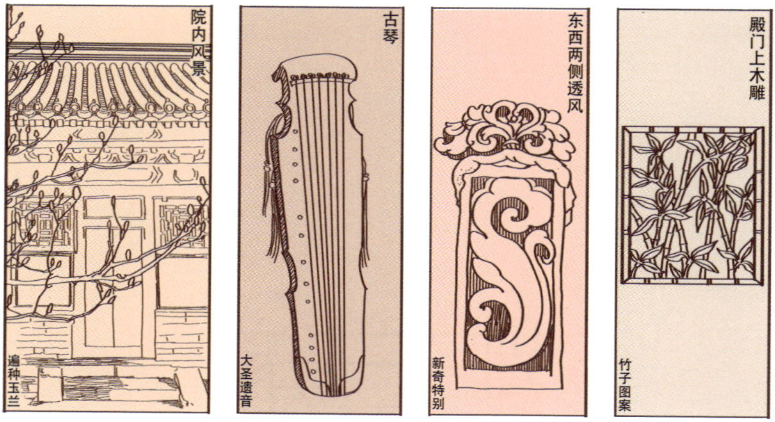

钟粹宫的有趣之处

又称“琴”“瑶琴”，是我国最为古老的乐器之一，在中华传统文化体系中承载着极为深厚的文化意义。故宫现藏古琴八十八张，自盛唐迄晚清，年代序列完整，佳器列陈，能较为完整地反映古琴的发展历史。刚开展时曾有“大圣遗音”亮相（传世唐代古琴中最为完好的一件），现如今同一位置展出的是南宋时期的“海月清辉”琴。另有一室单独展出琴图谱，《秋鸿》是其间珍品。据说展内还将其还原为可以聆听的声音，并辅之以相关器物，十分应景。

除此之外，小院子本身的景致也别有韵味。院内两侧种有白、玫两色玉兰，三月正值花季。院西南更有井亭一处。后院一间小室内有原状陈列，抬头看到一副楹联悬于室内：“自喜轩窗无俗韵，聊将山水寄清音。”查资料才知它也同样存在于漱芳斋的“风雅存”小戏台，更是文物与历史学家朱家溍先生平素练字时最爱写的。行文到此处，又不禁感慨连连。

十二 承乾宫

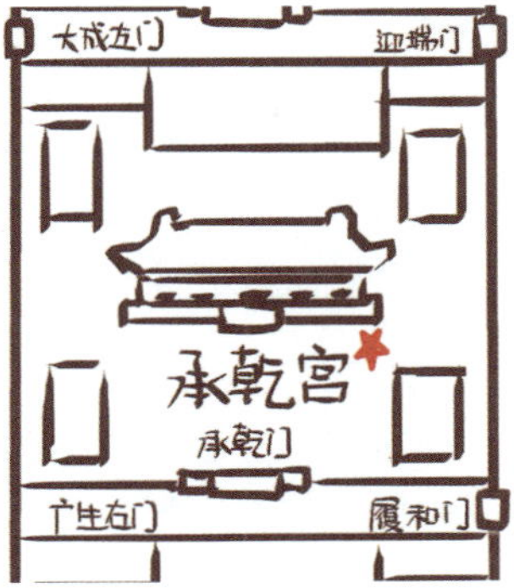

承乾宫

承乾宫是内廷东六宫之一，初曰永宁宫，明崇祯五年（1632）八月更名承乾宫。此宫保持明初始建时的格局：明代为皇太后、贵妃所居；清为后妃所居。顺治帝董鄂妃，道光帝孝全成皇后、琳贵妃、佳贵人，咸丰帝云嫔、婉贵人都曾在此居住。光绪皇后膳房曾设立在东配殿。

承乾宫

这里一直是青铜器馆的所在地。

青铜文化是人类文明发展到一定阶段的产物。我国大件青铜器在夏代晚期（考古学文化的二里头时期）开始出现，到商代前期（二里岗时期）和商代后期（殷墟文化时期），出现了大量气势恢宏、纹饰繁缛的青铜器。进入西周、东周时期，出现了一批以长篇铭文铭记历史事件的青铜器，这是中国青铜文化的两个特有现象。

青铜器的制造和发展，历代绵延不断，但其对社会生活产生较大影响是在先秦时代。传说夏禹铸九鼎，历商至周，以为传国之宝，鼎移则王朝易主。春秋时期，王室衰微，诸侯争霸，

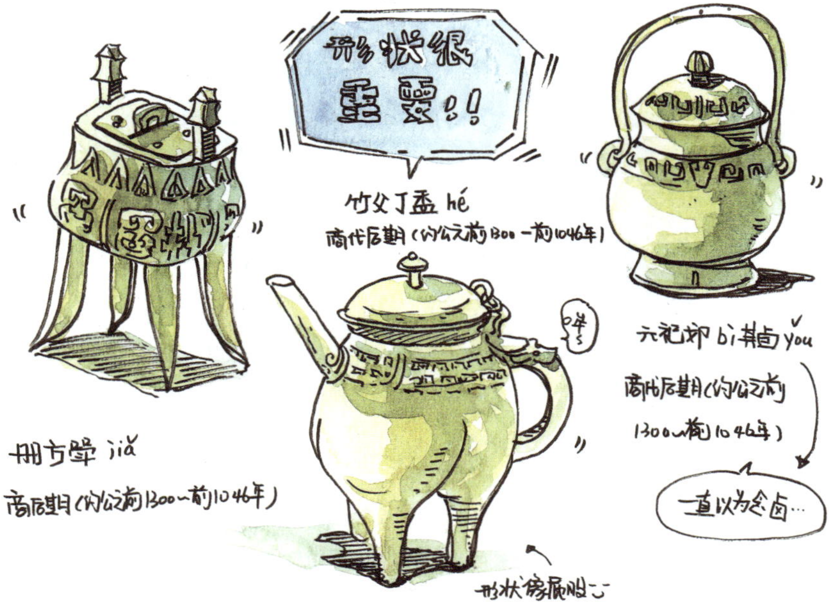

青铜器馆展陈一

楚子过周境，问鼎之轻重，则其觊觎王权之心，路人皆知。鼎彝或列于宗庙，或随葬于墓室，称为“礼器”，是先秦贵族等级身份的标志。这种制度至西周臻于完善，被称为“周礼”。它对我国数千年历史的发展产生过重大影响。

自汉代以来，地不爱宝，青铜礼乐器时有出土，其上威严的纹饰，雄伟的气度，深得帝王之心，被视为国之祥瑞。于是官民贡献于上，皇室搜求于下，青铜器逐渐成为皇

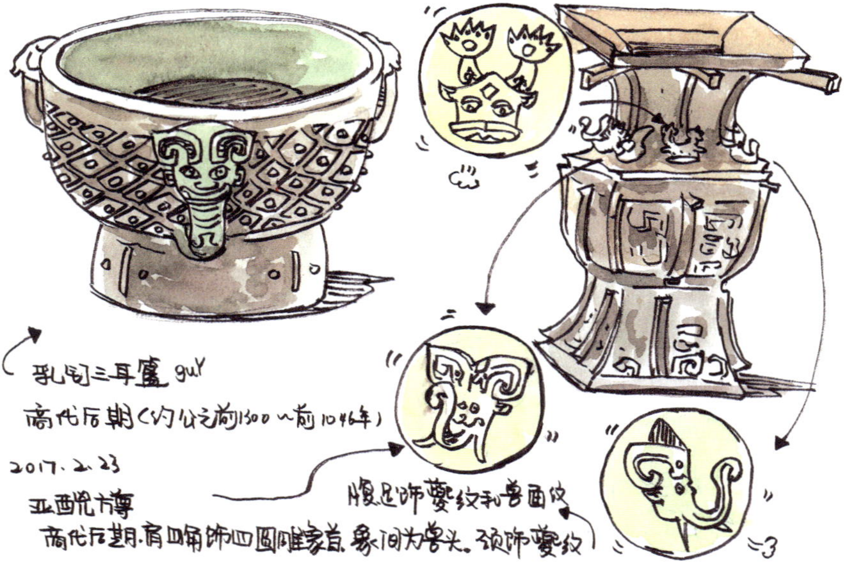

青铜器馆展陈二

家的重要典藏。宋代曾集宫中所藏编成《宣和博古图录》。清乾隆年间，则将宫中藏青铜器先后编辑为《西清古鉴》《西清续鉴甲编》《西清续鉴乙编》《宁寿鉴古》等图录。

故宫博物院现藏历代铜器一万五千余件，其中仅先秦有铭文的青铜器就有近一千六百件，精品甚多。而该馆的陈列，则力图展现中国青铜文化与皇室文化的内在联系。

以前永和宫也展陈青铜器，只是近几年

青铜器馆展陈三

改做了御医药馆。查资料发现，承乾宫有乾隆帝题的“红日初生，万户祥云临复道；青阳乍转，九天佳气敞重楼”一联。阿乐本想趁日前书写此篇前往东六宫，将细节逐个确认一下，怎料宫门紧闭，外立提示牌显示其仍处于施工闭馆状态。所幸在这之前就已经拜访并画过许多，所以并不遗憾，但依旧衷心希望再开放之日早点到来。

十三　永和宫

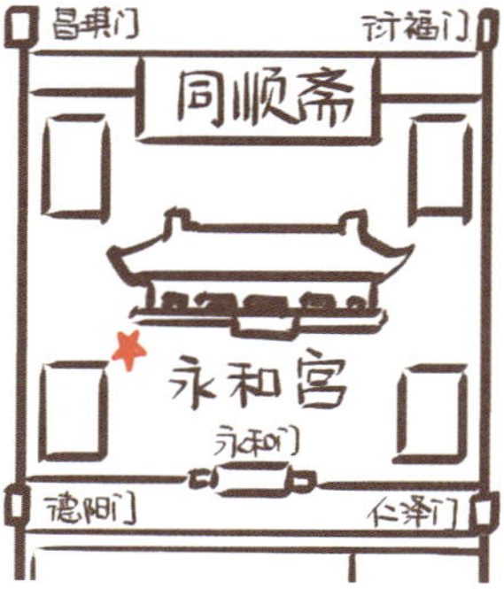

永和宫

永和宫，内廷东六宫之一，位于承乾宫之东、景阳宫之南。初名永安宫，嘉靖十四年（1535）更今名。清沿明旧，于康熙二十五年（1686）重修，乾隆三十年（1765）亦有修缮，光绪十六年（1890）重修。明代为妃嫔所居，清代为后妃所居。清

永和宫

康熙帝孝恭仁皇后久居此宫。其后，道光帝静贵妃，咸丰帝丽贵人、斑贵人、鑫常在等均曾在此居住。光绪大婚后为瑾妃居所。

此处特别值得一提的是院内的紫藤萝树，每年开花，蓝紫色花朵分外曼妙。建筑层面而言，除了正间室内所悬乾隆御题“仪昭淑慎”匾，还有正间室外天花板上面悬挂的吊灯：有些许西洋舶来品的中古意趣感，和储秀宫的内部陈设风格有类似之处。至于储秀宫，可见《翊坤宫与储秀宫》一篇。

室外天花板上面悬挂的吊灯

在一段时间里，永和宫曾经和承乾宫一样，作为故宫的青铜器馆展览陈列各类院藏青铜器。最近几年，它成为御医药馆。而紫禁城作为清王朝最高统治者的居所和国家权力中心，在长期的医疗保健活动中，构建出一个独特的医药空间。清宫中有设置健全的医疗机构，汇集医术高明的御医，使用全国乃至域外的道地药材和优良成药，配备各种精良的医疗器具，沿用或独创丰富多彩的治疗方法，利用全国的医疗资源提供服务，保证帝后身体健康。

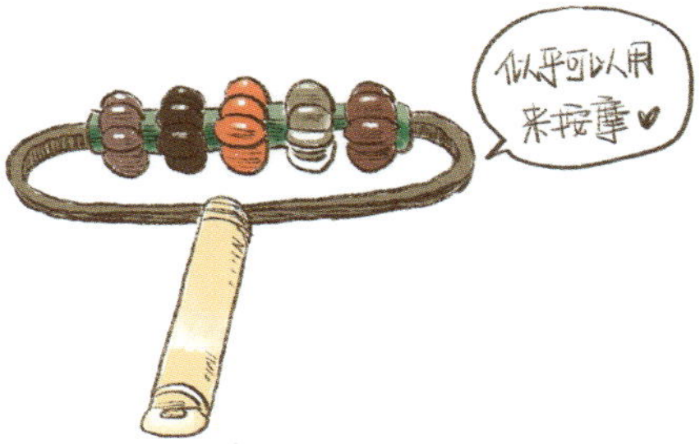

展厅内的展品：水晶玉柄五珠太平车

至于医药文物，则是故宫博物院众多收藏中富有特色的门类，也是清代宫廷医事活动重要的实物遗存。展厅内展陈着各类珍稀的中药材、精心炮制的中成药、皇帝 / 老佛爷的进药底簿、医疗手术 / 保健器械、人体穴位模型……各种既奇怪又有趣的藏品应有尽有，十分值得一观。

最后，以后来作为太医院“院训”，被高悬于大堂之上，康熙帝曾经赐给御医黄运的御制诗作为本篇结尾：

神圣岂能早，调方最近情。
存诚慎药性，仁术尽平生。

十四　灵沼轩

灵沼轩

灵沼轩位于延禧宫内。延禧宫属于内廷东六宫之一，初曰长寿宫，明嘉靖十四年（1535）更名曰延祺宫，清则曰延禧宫。明清时这里均为妃嫔所居，清道光帝之恬嫔富察氏、成贵人曾在此居住。后查资料才知，延禧宫前殿，曾恭悬高宗纯皇帝御笔题匾曰“慎赞徽音”，东壁悬梁诗正（清乾隆时期官员，工书法，编撰历代名家书法集《三希堂法帖》）敬书《圣制曹后重农赞》，

灵沼轩建筑细节一

西壁悬《曹后重农图》。

而灵沼轩则俗称“水晶宫”，于宣统元年（1909）在延禧宫原址上建立，隆裕太后（光绪帝皇后）曾题匾额曰“灵沼轩”。顺利完工后的灵沼轩应是座水殿，据《清宫词》注：“宣统己酉兴修水殿，四周浚池，引玉泉山水环绕之。殿上窗棂承尘金铺，无不嵌以玻璃。”又据《清稗史》：宫立中央，凡三层，层九间。又四角各有一亭，计三十九间，以铜作栋，以玻璃为墙，四望空明，入其中者，如置身琉璃世界。墙之

灵沼轩建筑细节二

夹层中，置水蓄鱼。下层地板亦以玻璃为之，俯首而窥，池中游鱼，一一可数，荷藻参差，青翠如画。

然而事与愿违。此处后因国库空虚而停建；1917 年“张勋复辟”时，宫北部被直系部队飞机炸毁；再后来又经重修，民国二十年（1932）左右本院于宫后建库房，贮存古物图籍。现在进入延禧宫依旧能看到该建筑的大框架遗存，倒也自成一景。

灵沼轩全貌

十五 乾隆花园

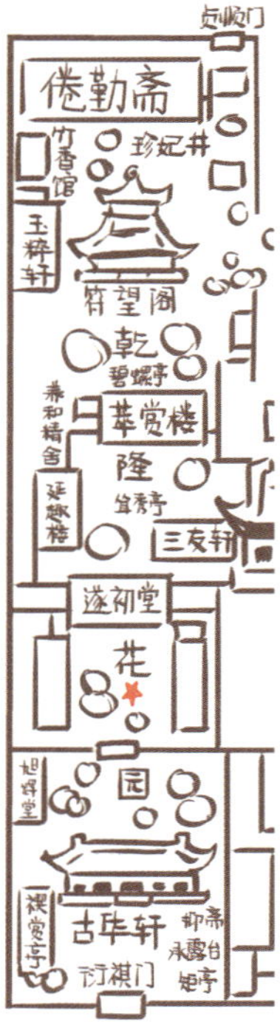

乾隆花园

有一段时间阿乐很爱问单位同事："最喜欢的故宫风景是哪一处？"众多答案里就数说乾隆花园的最多。理由是："那里安安静静风景好，一段时间不去就甚是想念。"由此可见，它颇受院里人青睐。

很长一段时间里，乾隆花园因修缮工程而全面关闭不再开放。记得我当时得到相关消息已很迟了，想到有几年都看不到这座美丽的小花园不免惆怅，于是在临动工前所剩不多的日子里，抓紧时间过去画画，就连端午小长假也都在那里度过了。

乾隆花园又称宁寿宫花园，是乾隆皇帝为其退位归政后颐养休憩所建：北起倦勤斋，南至古华轩都是它的地界，更与慈宁宫花园、御花园、建福宫花园并称故宫里的四大花园（至于它与建福宫花园千丝万缕的联系，我们且在之后《建福宫花园》一篇中详谈）。

乾隆花园里的古华轩、禊赏亭、矩亭、承露台，各有特色，

乾隆花园入口衍祺门

古华轩

不分伯仲。古华轩前的古楸树非常美丽，建筑也因此修建并得名。乾隆皇帝更是为该树题写楹联“明月清风无尽藏，长楸古柏是佳朋”，足见对其之喜爱。禊赏亭内“流杯渠”的灵感源于王羲之《兰亭集序》中文人雅士曲水流觞的情景，亭内石栏杆与门上装饰的竹子纹样清丽脱俗，象征了“茂林修竹”的环境。至于矩亭的内顶棚则是编织纹天花，属于宫中仅有。撷芳亭下的宣石摆件，更是难得：一方面，这种石材本就珍贵，而这件又是清代御苑赏石之中唯一的一方；另一方面，其座上还雕

撷芳亭下的宣石摆件

遂初堂一进院门看到的
大树围绕湖石的景象

刻了海浪图案，海浪将石头高高托起，鱼虾蟹等或隐藏、或穿插在海浪里，看起来既有趣又富于艺术张力。

乾隆皇帝将遂初堂取名为“遂初”的用意，与倦勤斋取名为“倦勤”的用意差不多，都是为表达希望执政六十年后禅位隐退的愿望。还依稀记得从前古华轩后面通向遂初堂的小门是开着的，一进去就能看到数棵大树环抱一块湖石。院内四角的须弥座上各立着一块造型有趣的湖石，特别是一块大蒜形状的怪石，令人印象尤为深刻。

再说说乾隆花园内的小动物。据“线人”的可靠情报，禊赏亭旁假山上长期出没一只黑色长毛、脖子有圈“灰领子”的帅气小猫。后来听说“灰领子”和一只花猫生了四只小崽儿，就赶紧跑过去瞧。在锲而不舍地、如石像一般在假山旁等待了十五分钟后，我终于看到小黑猫崽和小灰猫崽蹒跚地从窝内爬出，后面还跟着两只小黄猫，真是可爱。原本有点担心因施工而无人照料，它们会饿肚子，后来发现开放处的师傅早为它们

遂初堂院内造型有趣的湖石

禊赏亭的小猫一家

备好充足的粮食，还每天来给母猫加餐，小猫们也陆陆续续地断奶了，真希望这一家六口能茁壮成长呀（如今这个猫家族都已有好几代“后人”了）！

虽然乾隆花园目前仍在关闭中，但旁边的乐寿堂和颐和轩都还开着，大家依旧可以散步前往那边。阿乐曾经和最好的朋友约好，等大修结束后再到乾隆花园游玩儿。因为有了这个约定，让我对大修后的乾隆花园有了不少期待，也令等待与好友重逢的日子变得不再漫长而遥远（这位好友转眼已经退休好多年了）。

十六　畅音阁

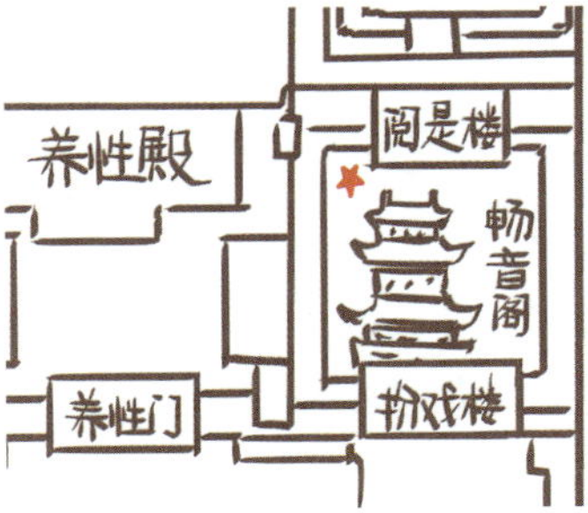

畅音阁

畅音阁为清代内廷演戏之台。它位于宁寿宫后区东路，乾隆三十七年（1772）始建。台为崇楼三层：戏台上层称“福台”，中层称“禄台”，底层称“寿台”。演大戏时三层各有演员，可容纳千人。寿台有天井、地井，均可升降演员。畅音阁后有扮戏楼，

畅音阁

后又在其南面添盖值房两座。

提到畅音阁，就不得不提及对面的阅是楼，那是清宫听戏之处。楼上下二层各五间。乾隆四十四年（1779）曾在此赐皇子、皇孙、王公、大臣等宴。道光二年（1822），恭上皇太后徽号册宝礼成，奉皇太后幸阅是楼进膳。同治十三年（1874）为慈禧四十寿辰，修缮此楼。光绪年间，万寿圣节及太后寿辰均在此观戏。

阅是楼迤东一隅

阿乐十分喜欢畅音阁。它虽然坐落于宁寿宫（珍宝馆）这种热门区域内，却能闹中取静，更自带安闲。即便是在夏季，一走进来，也能感到凉爽与舒畅。偶尔有微风拂面，好不惬意。

不但如此，畅音阁檐角下还有一个有趣的小怪物，之前在雨花阁内也看到过类似款。单位的藏语“大神”发来一篇《藏传佛教象征符号与器物图解》做科普，内里写明其为饕餮，也叫 Kirtimukha，意思是“帝威之脸”。文章内称其常常被画在庙宇围墙的大

畅音阁檐角下的小怪物

梁上，装饰庙宇大柱的柱面幡常用拱形饕餮脸作为饰物。

由周深演唱的大型纪录片《紫禁城》的主题曲《光亮》里有一句也提到畅音阁，化用了苏轼《定风波·莫听穿林打叶声》中的两句词：“莫听穿林打叶声，一蓑烟雨任平生，畅音阁里终一叙，六百年一粟，沧海一梦。”

这歌词写得可真好啊。

十七　宁寿宫区域

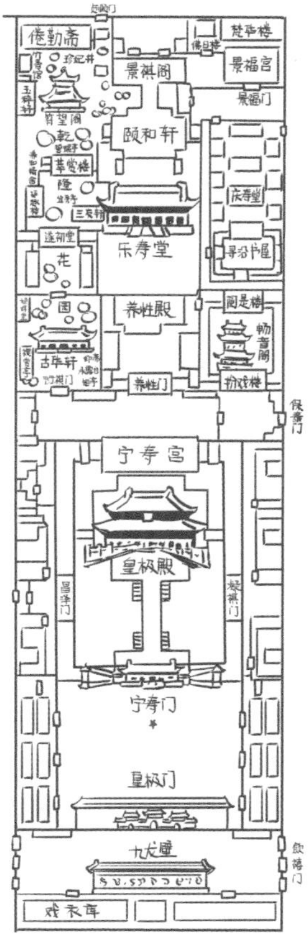

宁寿宫区域

宁寿宫区域，亦称外东路。位于紫禁城内东北部，为明代后妃养老之处。清康熙年间因旧重修，改称宁寿宫，为皇太后所居。乾隆三十六年至四十一年（1771—1776）改建为新宫，仍称宁寿。全宫为前朝后寝布局，系乾隆皇帝为其归政后颐养天年而建，但一直未住。

如今这里又被称作珍宝馆区域。由南向北分别为：九龙壁、皇极门、宁寿门、皇极殿、宁寿宫、养性门、养性殿、乐寿堂、颐和轩……最后于珍妃井结束。其间当然也囊括乾隆花园、畅音阁，但因其独特而单独成篇，本节主要讲除此之外的其他区域。

细数其建筑历史，比较特别的是以下几处：

宁寿宫：原明代仁寿殿、哕鸾宫基址上改建的奉养东朝之所。乾隆三十七年改建宁寿宫区时，将其修葺后改为皇极殿，移宁寿宫匾于后殿。后殿为乾隆归政后起居处。规制仿照坤宁宫，是紫禁城内依满族习俗及建筑特点改建的建筑之一。

皇极殿：始建于清康熙二十八年（1689）。乾隆三十七年至四十一年改建宁寿宫一区建筑时，将宁寿宫改称为皇极殿，作为乾隆皇帝归政后临朝受贺之所。皇极殿为仿乾清宫规制改建。嘉庆元年（1796）新正，传位授宝典后，太上皇乾隆帝于此举行"千叟宴"，宴请九十岁以上老人，时入宴群臣、耆老及并未入座者达五千余人。嘉庆七年（1802）、光绪十年（1884）先后修葺。光绪二十年在皇极殿行慈禧太后六十寿辰贺礼。光绪三十年慈禧太后七十寿辰前后，在此分别接见奥、美等九国使臣。慈禧死后，曾在此停灵、治丧。

珍妃井：鼎鼎大名、引得游人纷至沓来的珍妃井实则普通。阿乐更偏爱井南侧的"小房子"怀远堂：东间是瑾妃为珍妃设的小灵堂，立牌位，以示哀悼与怀念故人。

另，养性殿后层仙楼结构的佛堂、仿养心殿三希堂的墨云室、仿养心殿梅坞的香雪堂、仿西郊长春园淳化轩的乐寿堂、以岁寒三友松竹梅题材装修的三友轩、相传后院房屋内曾幽禁珍妃的景祺阁……都各有风趣，不在此一一枚举。

此处更集结了院内各类精品，属于必逛区域。具体看点如下：

一、琉璃影壁

具体为乐寿堂附近的荷花琉璃影壁与九龙壁。前者图案题材十分少见，至于后者，则是在国内现存三座九龙壁中制作最为精细的一座，色彩也最为华美。九条龙中间为黄色，其左右四条依次为蓝、白、紫、黄各色。造型活泼，美轮美奂。

九龙壁局部

荷花琉璃影壁

二、珍宝馆展陈

皇极殿两侧庑房内的四个展厅分别陈列珠宝、金银、玉石、盆景类文物。印象比较深的是各色凤冠、珠钗、香薰、如意。往北走另有几个宫殿在复原原状的基础上增加部分展陈文物，印象比较深的是乐寿堂内的大禹治水图玉山，自乾隆时期便陈设于此。

三、宫殿的原状陈列

具体为：皇极殿中有四根沥粉贴金蟠龙柱，顶置八角浑金蟠龙藻井，下设宝座，品级仅次于太和殿。殿内左置铜壶滴漏，

珍宝馆展陈一

右置大自鸣钟，制作考究。皇极殿丹陛左右分置日晷、嘉量，是体现皇权的重要陈设。御道两侧各有六方须弥座一个，座上置重檐六角亭，亭身每面镌篆体“寿”字各三。石座中心有铸铁胆，每年腊月二十三至正月十五日，则改立灯杆于其中，是古代多用途基座实例，今仅存其座。另，养性殿、乐寿堂、颐和轩等建筑根据其功能和历史，恢复相关原状陈设并展出展品。

清高宗乾隆帝曾赋诗一首，与此区域有关。那就且将其作为本篇结尾，并盼诸位能有朝一日来此愉快地游玩。

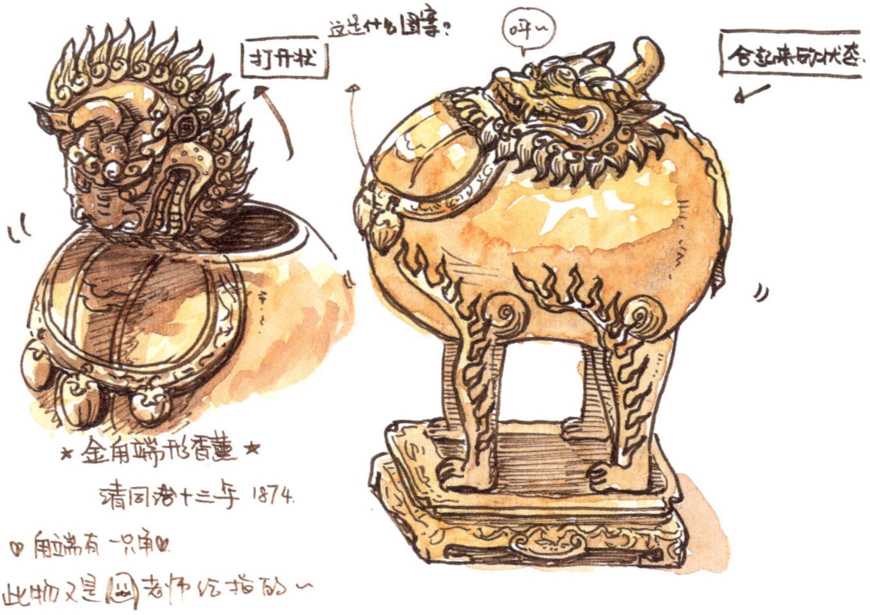

珍宝馆展陈二

宁寿宫

斋居有暇夏方长，步辇看工亦趁凉。
率已成之先十五，如斯茂矣据中央。
图临他日颐而养，敢懈今时敬不遑。
一节惆然于意者，嫌他铺设为端阳。

十八 奉先殿

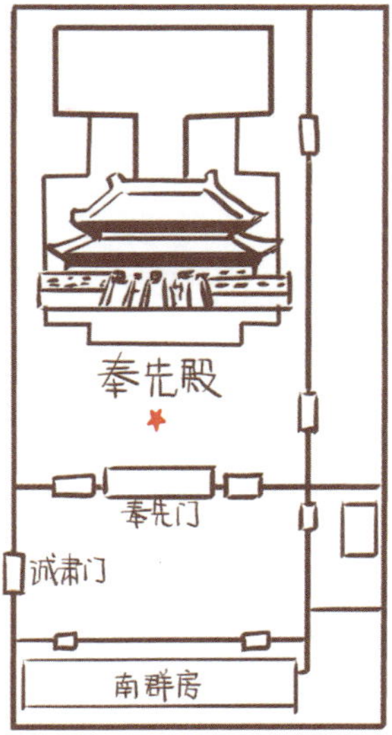

奉先殿

奉先殿位于紫禁城内廷之东、景运门外，即内太庙。明初建，清沿明制，又有重修与改修。殿为前后两重，设列圣列后龙凤神宝座、祝案、尊案等。清制，凡后先卒奉安神主于此。元旦、万寿圣节、冬至、忌辰、清明等在前殿致祭；上徽号、册立、册封、回銮及诸庆典均告祭于后殿。

奉先门

如今，钟表馆坐落在此。

老展厅以前在奉先殿，近几年移到了南边的南群房内。展厅内展出各色钟表，是故宫博物院文物藏品中的一个特殊门类。这些装饰华贵、制作精美、功能复杂的钟表，通过贸易、官员进献、外国使团或组织馈赠、清廷自主制造等几种途径汇聚于清宫。院藏钟表的数量更是超过1500件，制作年代从18世纪至20世纪初不等。其间既有来自英国、法国、瑞士的名家之作，也有出自清宫做钟处和广州的精品，以及一些中西合璧的产

铜镀金写字人钟（局部）

物，堪称世界博物馆中钟表收藏的翘楚。

展馆内遴选 48 件展品，分 5 个单元展示，以期使观众领略不同时期、国家、区域钟表的多姿多彩。最有名的当然是 1780 年英国伦敦威廉森制造出品的，在计时的同时又配有敲钟人，会展开“万寿无疆”横幅，并能写出“八方向化，九土来王”的鼎鼎大名的铜镀金写字人钟啦。

更换过后的新展厅墙壁为暗湖蓝色，装修考究，更有原状陈列，整体焕然一新。厅内还设有大屏幕。之前曾播放过纪录片《我在故宫修文物》

中修复钟表的片段，不过最近好像不放了。记得很早以前，旧展厅内每天会分两个时间段安排专人演示特定的几种钟表，如今再问及殿内工作人员，好像也没有了。不过，如今的钟表馆依旧是一处美好的所在。而最末,还是以乾隆帝的赋诗结束本篇：

七月朔日躬祭奉先殿礼成述事

年节虽恒叩后殿，未曾前殿祭斯陈。
况经升祔四时阅，应似秋尝昨典循。
恭代亲藩诣太室，必躬家庙举精禋。
礼因义起施殊处，只觉悲伤胜敬寅。

十九 箭亭广场

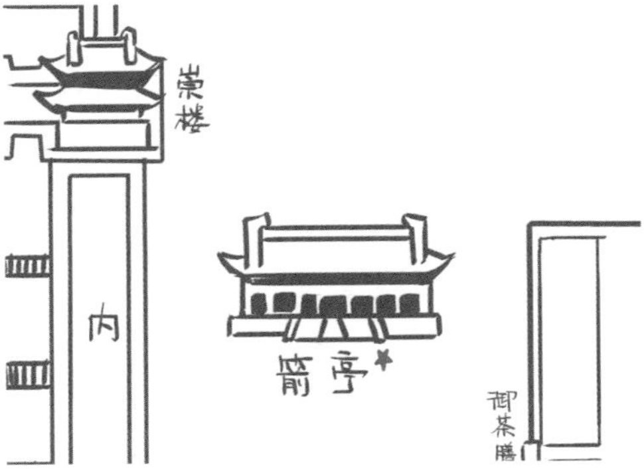

箭亭广场

箭亭位于景运门迤南，清雍正八年（1730）建。亭前宽敞开阔，为阅试武进士技勇之处。至于箭亭广场，顾名思义，则是围绕该区域的一大片空地，是一处挺有意思的地方。

首先，此处对于单位员工而言是个熟悉的地方，因为运动会常常在这里举办。印象中曾举办过太极拳、跳绳、抖空竹等比赛，大家以部门为单位进行友好竞技，也因此难得在工作之余欢聚一堂，热热闹闹，好不开心。

箭亭广场

其次，箭亭广场南侧摆放有五头铜牛。这五头铜牛是朱炳仁先生（中国工艺美术大师、国家非物质文化遗产传承人）把院藏的韩滉《五牛图》绘画藏品进行的立体化呈现，寓意是“五福临门”。第一福是“长寿”，第二福是“富贵”，第三福是“康宁”，第四福是“好德”，第五福是“善成”。

最后，武备仪仗馆也坐落于箭亭内。“勿以太平而忘武备”，清顺治时，一座射殿出现在祭祀祖宗的奉先殿前，弓马射箭成为清代武备的核心。康熙帝曾亲率诸皇子和善射侍卫在此射箭。雍正时改为箭亭。乾隆帝再次召见殿试弓马成绩最优秀的武进

雍正御用马鞍

士，并亲试其技。嘉庆时武进士殿试于紫光阁考试外，箭亭也被开辟为弓刀石的考试场地。乾隆、嘉庆二帝将其“国语骑射”训诫于次泐（lè）石宣示，永垂法守。一个弓箭良具最后的鼎盛时代开始了……箭亭目前在关闭中（本文写于 2024 年 3 月 26 日），相信再见之日，不会太遥远。

二十 文渊阁

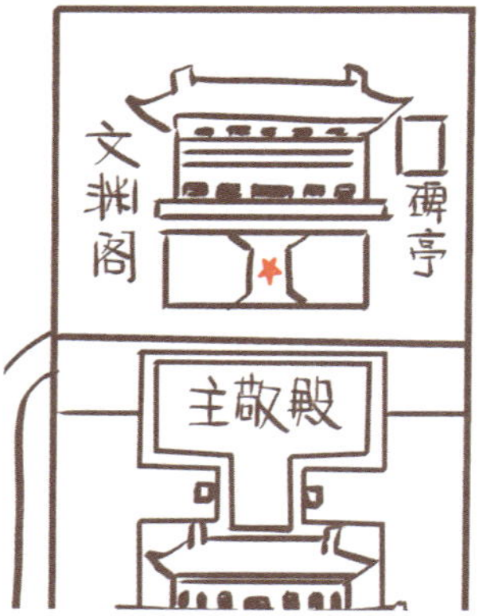

文渊阁

乾隆皇帝曾作多首有关文渊阁的诗，其中一首写道：“文渊咫尺近文华，礼藏经筵此赐茶。新署冰衔协名实，待藏四库焕云霞。”

在文华殿还是陶瓷馆（现在为书画馆）的时候，阿乐就已是此间常客。这里较中轴游览路线而言位置相对偏僻，故而也清静许多。殿前种植海棠树，花季一片落英缤纷，很是美丽。而文华殿后绿黑相间、颜色异于其他红墙黄瓦配色的建筑便是文渊阁。

文渊阁主建筑

文渊阁是在明圣济殿旧址［明嘉靖十七年（1538）建立，以做祭祀炎帝神农氏、黄帝轩辕氏等发明医药的先医之用］上建立的。清乾隆三十九年（1774）修建，四十一年建成，是贮藏《四库全书》的地方，也是举行告成典礼以及每年春秋经筵的赐茶处。文渊阁的形制仿浙江鄞县（现属宁波市鄞州区）的天一阁，采用一系列压胜手法，颜色以黑（五

一种辟邪方法，在建造房屋建筑时通过一些特别的装饰造型和文字以做镇宅之用，比如民间在门前添置石敢当，或制作石碑嵌入墙壁中等。

文渊阁东侧碑亭

行学说中认为黑色代表水，有以水压火的意思）、绿为主，最终建成外有环水石桥，腰檐、上檐均为黑琉璃瓦顶及绿色琉璃瓦剪边，屋脊吻兽亦为绿色的独特建筑。更值得一提的是，阁内的空间布局也很新鲜，理念略类似于现代建筑中的 loft（跃层），内为假两层、真三层的格局。文渊阁东有一碑亭，亭内有高大石碑一座。碑正面刻有《文渊阁记》，背面刻御制诗，其中包括乾隆皇帝写的与文渊阁有关的御制诗六首。

至于我最喜欢的，则是文渊阁内的小小细节。碑亭梁上的套兽是有大象鼻子的象鼻龙，造型、表情都很是好玩，之前提

文渊阁旁碑亭梁上的象鼻龙（角楼角梁上亦有）

文渊阁前石桥下的蚣蝮

环水石桥栏杆上雕刻的图案

及过与角楼角梁上的套兽为同一种类，很少见。另外就是环水石桥栏杆上雕刻的各种“海鲜”图案及环水石桥下的蚣蝮。

基于对古建筑的保护等原因，文渊阁内部并未开放，以至于阿乐未曾真正走入阁内，但这并不妨碍我们喜欢它外在的建筑风采与了解背后的历史知识。更何况距离产生美，这样远距离欣赏其实也很不错啊。

中编　故宫人的角角落落

一 南十三排

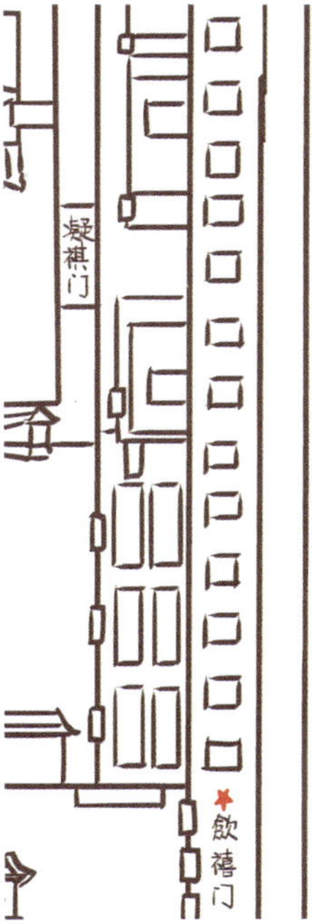

南十三排

在我画的故宫风景里，关于故宫出版社的小画儿具有相当多的数量。于是，它当之无愧成为我心中最喜欢的故宫风景之一。

故宫出版社所在的南十三排（南口）

故宫出版社坐落在故宫东侧的十三排，这十三排指的是宁寿宫外东侧、依着紫禁城城墙建立的南北各十三座的排房，始建于乾隆年间。在很长的一段时间里，我都以为整个十三排都是出版社的地盘。但其实，它主要集中在南十三排。北十三排则是诸如电管科、行政处、经营管理处这样的地界。

上：十三排遖北
下：十三排遖南

窄巷中从墙内探出头的树
（南十三排北口）

十三排与宁寿宫区中间有一条狭长的窄巷，总给人一种静谧悠长的深邃感，我很喜欢在那里穿行，偶尔会遇上一两只或奔跑、或驻足的小猫。排房里的树则会从墙内探出头来，阳光透过树冠照在巷子里，在墙上和地面洒下斑驳的树影，非常美好。也因而会在夏天留下一片阴凉，让路过的行人不至于太晒。秋天的时候，爬山虎便会爬满一侧墙面，红红绿绿的很是好看。

望向十三排尽头的银杏树
可以看见角楼（南向北）

从十三排向北望，能看到故宫东北角楼的全貌。如果说居于旧时城隍庙位置的科研处小院得天独厚的优势在于能近距离观察到西北角楼的细节，那么十三排的优势则是能在院内悠然观赏东北角楼的远景。

二　南十三排三号院

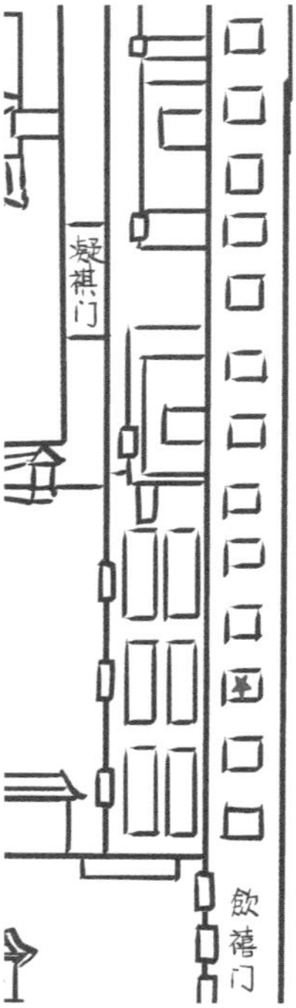

南十三排三号院

上次说到故宫出版社所在的南十三排，其实那附近的每个小院都各具特色。不过，如果要问我最喜欢哪一个，答案一定是《紫禁城》杂志（以下简称“紫刊”）编辑部。

还记得阿乐第一次去“紫刊”编辑部是在2010年。那时刚来故宫工作不久，被告知有个小院很是好玩，就跟着正好去

“紫刊”小院里种满
花花草草的一角

那里办事的同事过去瞅瞅。记得当时怯生生地拉出一把椅子想坐下，却发现椅垫上呼呼睡着一只小猫。再仔细一瞧，在不起眼的角落里、箱子中、窗台上，都有“喵星人”的身影。而且，这些猫咪还各有各的名字：常看见的有妞妞——一只白色短毛、蓝眼睛的母猫；有小扒，只要给它一个眼神，它就会立刻友好地过来扒住你；还有一只叫作周杰棍儿，听说是因为嘴巴长得很像某男歌星，且总是一撇一撇的而得名。除此之外还有弟弟、小三、小九、小黄、小猴、姐夫、胖虎、小老虎、大嗓门……健忘的人类如我表示已然“晕菜”，根本记不全它们的名字，但

在垫子上打盹的小美

小院一角熟睡的D先生
（又名弟弟）

始终记挂着一只名唤“小美”的猫。

它是一只毛发油亮的小黑猫，出生于2008年，算起来是比我还资深的故宫“员工”。它很特别，不爱扎堆儿，也不和其他猫抢食；很仗义，不爱拉帮结派，却喜打抱不平。周末偶尔来单位画画儿的我总是特意骑到“紫刊”门口，隔着门轻轻地呼唤：“小美小美”，然后一个黑色的小身影会从门底下钻出，来到我身边。我坐在门槛上发呆，小美则蹲坐于一旁，心里便莫名踏实许多。写到此处不禁充满歉意，因为常常忘记给它带吃的，而且还经常吵到它睡觉。但即便如此，小美依旧会很给面子地出来看我，真是只好小猫啊！

屋里还存有一张卡通小画儿。上面画的是当年小院里所有的小猫、铲屎官和植物的大合影，特别有趣。如今画画儿的人不知去了哪里，小画儿却一直都在，被放进相框保存了下来。时光荏苒，它竟也成了“文物”，见证了小院的变迁。

午间画画时能听到“紫刊”铲屎官们的聊天。窃以为他们很像一部年代久远的国产剧《编辑部的故事》中的人物：该剧

从小院子里向外望

讲述的是名为《人间指南》的杂志社里六个年纪不等、性格各异，却都善解人意的编辑之间发生的故事。正所谓："大千世界无奇不有，东南西北万象难收；一间平平常常的屋，几位忙忙碌碌的人；一本热热闹闹的书，几颗实实在在的心；有意人间指南，无奈人各东西；有意替人分忧，无奈心事难移；说不出是苦是甜，分不清是我是你。""紫刊"于我而言一直是一处温暖的存在，梦想在这里当一株小草，时不时被小猫啃一啃，帮它们消化掉舔进肚子里的毛球，咱就权当理发了！另外小猫的"家长"灰猫老师也表示随时欢迎，我过去后便可以和院子里的木槿做伴。真希望有一天可以美梦成真呀！

三 城隍庙

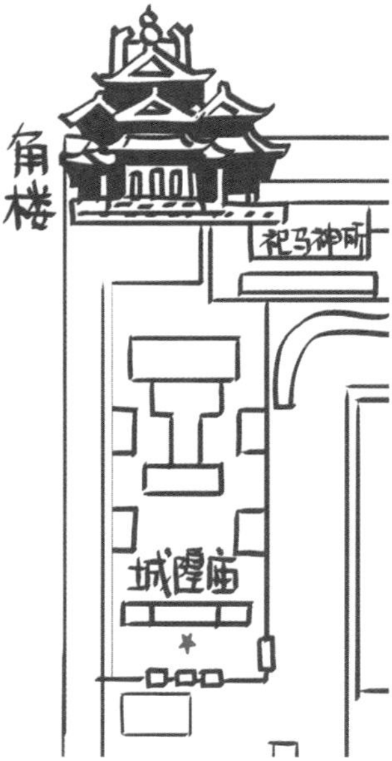

城隍庙

不知道大家会不会像我这个“吃货”一样，看到“城隍庙”三个字便会想到上海城隍庙小吃。但其实城隍庙不只为上海所独有，也不以小吃而闻名，它是祭祀城隍爷的地方，万寿节更是少不了一场声势浩大的典礼。故宫博物院的科研处就坐落在故宫西北角楼旁的城隍庙内，这里的位置得天独厚，可以很清楚地看到角楼的细节，其他三个角楼附近可没有这等好去处。

在梨树掩映下的
西北角楼

城隍庙中有三进院子，后两进才是科研处，它是故宫里协调、管理研究业务和学术出版的职能部门。在我们员工眼里，院里许多有意思的讲座大多在这里举办。

午间去打饭的路上，离老远就看到一簇树枝从墙里探出头来，绿叶上缀有白花，在阳光下开得灿烂而热烈。于是不由自主地停下自行车向院儿里望去：噢噢噢，原来是梨花开了。都说今年的雨水少，花开得不比往年，怕是会影响秋天的收获。我这个植物门外汉倒也看不出什么门道来，只感觉画画的时候有风轻轻地吹，梨花花瓣掉落在地上会发出细微的声响，画面

一进院儿看到的风景

很美好，就只缺一位黛玉姑娘来葬花了。

院子里“常驻”三只小猫和无数爱猫人。先说说“喵星人”。一只叫三花，猫如其名，是只黑白黄三色的短毛猫。脾气好，即便是陌生人也让摸摸头（如今已被好心同事带回家中喂养）。一只叫二花，是像小奶牛一样的黑白猫——它还是只小猫，喜欢连蹦带跳地追蝴蝶玩儿。还有一只黄胖猫，叫土肥圆，可我一直也没见过它。再说说爱猫人。总能听到院子里有人在和猫说话：“二花你饿不饿啊，随我去吃点小饼干吧。”“三花我给你喂点儿肉肉哦。”所以你大概也能猜到，坐在院子台阶上画画儿

院子里老师的办公室门口

院内一隅

小院一角的花花草草

二花

的我也得到了同样的好待遇，总有人来问我需不需要椅子坐、喝不喝水……真是一个充满人情味儿的院子啊。

最重要的是，院子有友善的朋友，我们曾一同去山西娄烦下乡支教。记得当年同住一个窑洞、睡一条土炕；一起给当地学校的小学生讲课；一起和面、剁馅儿、包饺子；一起去养猪场、羊圈和狗场……一晃竟然已过去了那么多年，也只好翻看旧时照片聊表怀念。

四 寿安宫

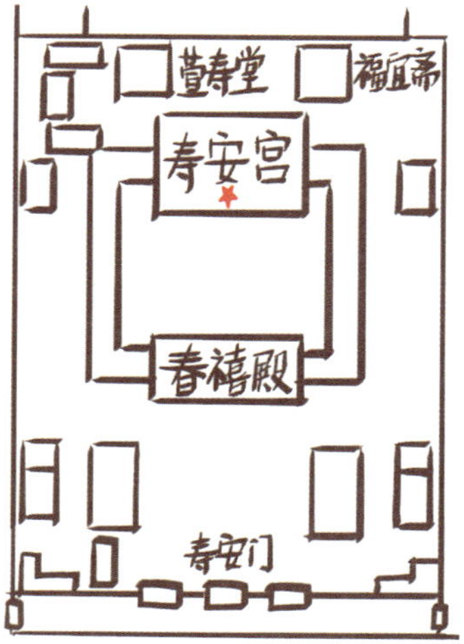

寿安宫

喜欢一件事是很容易被察觉的。平时最爱做的、最常挂在嘴边的、最愿与之相聚的、最想要分享的……就是最喜欢的。所以，当翻看画本，发现里面画得最多、最常被提及的是图书馆的时候，就知道那便是我最喜爱的故宫风景。

故宫博物院的图书馆坐落在外西路的寿安宫内。以前这里是皇太后及太妃、太嫔等居住的地方。前后分三进院落。能叫

图书馆门前的小路

得上名字的是正门寿安门，第一进院子的正殿春禧殿，还有分别位于第三进院子东与西的福宜斋和萱寿堂。1925 年故宫博物院成立后，寿安宫被开辟为图书馆，里面保存着珍贵的古籍善本。在阅览室内还有大量文博专业书籍、期刊杂志供院内员工借阅、研究。

小院里的果子很多，最有名的就是枣儿和杏儿。虽然结的果子比外面贩卖的小，但味道却极好。夏天时在院子里画画儿，总能听到“咚”的声响。走近一看，往往是一个松塔掉了下来。我蹲在草丛里观察它们，不一会儿屁股上就被蚊子叮了几个大包。还有丝瓜，每年院子里的老师都会故意留几个不摘，等着

院子里的枣树

散落一地的枣子

老了变成丝瓜络洗碗。此举总是让爱吃丝瓜的阿乐和在图书馆工作的好友深感可惜，因为我们认定被吃进肚子里才是一只丝瓜最好的归宿。

小院里的花儿也很多，唱主角儿的是二月兰，也是我最喜欢的花儿。它的学名叫作诸葛菜，因为是农历二月前后开、花朵呈蓝紫色，故而被称为二月兰（蓝）。以前故宫遍地都是它们的身影，最近几年日渐减少，成片生长的地方也就只有寿安宫西路。同样开得好的还有丁香，其实故宫里的丁香树很多，但大多是形单影只、各自为营，唯有寿安宫是成片生长的。不知是不是因为最近几年我开始过敏，总感觉花香味闻起来淡了许多，但花朵开得依旧那么好看。

院子里的丝瓜藤

小院里的鸟儿也很多，溜达的时候，总能听到“叽叽喳喳”“咕咕叽叽”“布谷布谷”的叫声。曾试图顺着声音找寻它们的踪迹，却总遍寻不着。估计是怕人，全都躲了起来。偶尔会看到一两只戴胜（一种好像头上戴着小花冠、身上披着花衣服的鸟类）经过，大乌鸦倒是挺常见，再就是成群的小麻雀。好友总是把午饭吃剩的米饭放在一处，不一会儿它们便会蹦蹦跳跳地过来啄食，有人经过又“呼啦啦”地飞起。

另外，寿安宫还是观赏雨花阁的最佳地点。雨花阁是藏传佛教的密宗佛楼，其建筑样式的

图书馆西路北面院子风景

通往福宜斋的小路

依旧是通往福宜斋的小路

一大特点便是四条屋脊上各立了一条铜鎏金的行龙，具体在《雨花阁》一篇中再细细道来。

人的喜欢好像从不单纯，大部分都掺杂了强烈的主观情感，典型体现便是对人的喜欢：因为最好的朋友曾在图书馆工作，我经常去找她，久而久之便爱屋及乌地喜欢上了这里。说起来，另一位机缘巧合结识的有趣同事，也是因为第一次碰面时就发现同样喜欢图书馆，继而变得熟络起来。这样看来，竟是人比风景更吸引人，风景因人更美丽呢。

五 南三所东所

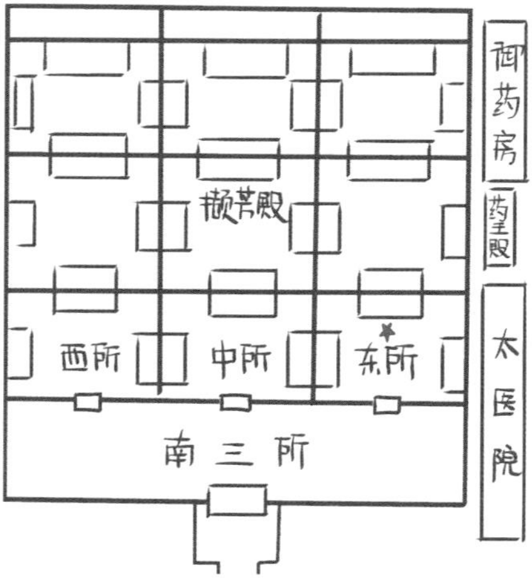

南三所东所

在故宫的风景中，对阿乐而言，最神秘的莫过于南三所了。它位于紫禁城东部，因地处宁寿宫以南，又是自东向西排列的三座院子，故而被称为南三所。同时，它也是清代多位皇子居住的地方，所以也被称为“阿哥所”，或者直接叫作“所儿”。南三所中的每一所皆为前中后三进院落，结构也大体相同。各所按其所处方位分别命名为东所、中所与西所，对应的则是故

一踏进南三所大门
所看到的风景

宫博物院的书画部、器物部及展览部与宣教部（如今的西所是故宫学研究所等其他几个部门的所在地）。

位于东所的书画部，主要分为三个研究组：绘画组、法书组与碑帖组。因为在里面工作的大多是研究书画的专家学者，各个学识渊博、博古通今，这多少令我这个门外汉感到有点胆怯。这种敬畏心直接造成我与这里并无太多往来，如今因为画画来到此处，初来乍到却得到院子里人的帮助

院子的屋顶

照顾，令我好感顿生。

不好意思在工作日叨扰，所以总是挑着周末院子开门、有人值班的时候过来。某个周末进了院子，发现东边的一间小屋格外好看：屋前搭了藤架、种了花草，还摆放了大大小小的盆栽，绿油油的植物在阳光的照耀下生机勃勃，格外灿烂。于是一屁股坐到地上把它们画了下来。画完才知道这间小屋是一位研究器物的老师的办公室。他看到小画儿后非常开心，好

院子里种的蜀葵，听说是非常皮实的植物

一进院子东边屋子

坐在门槛望向院子尽头

一顿夸赞不说，还不厌其烦地为素不相识的我讲解小院的历史，并推荐了院子里好多适合画画的角度，真的是特别感谢。

另外这个小院里还有一位称得上是我的“伯乐”的老师。虽然从未喊过他一声“老师”，却打心眼儿里敬重他。这位老师早早就认为阿乐是匹“千里马”，故而不断制造机会、进行引荐，虽然大部分均以失败告终（谁叫我才艺不精嘞），但依旧乐此不疲。也是因为这个原因，令我能在单位里结识到“臭味相投”的朋友。真开心啊！

六 南三所中所

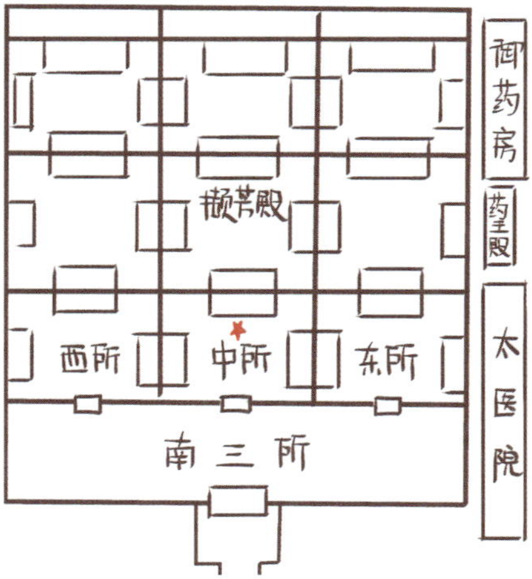

南三所中所

接着说南三所的中所。清嘉庆以后，多以“撷芳殿”代称南三所整体的建筑群，而它就位于中所的第二进院子里。如今，整个中所都是故宫博物院器物部的地盘，里面按研究类别分为工艺、陶瓷、金石、雕塑等几个门类。这些组别具体是做什么的在阿乐眼中并不重要，因为它是个好玩儿的部门的意味大过于其他。

第一进院子里的两棵枣树

这里是座植物园，每一进院子的品种都各有特色。第一进院子中央有三棵枣树、一棵核桃树。右手边的一棵枣树得了枣疯病，如今已经枯萎。左边的则状况稍好：枣子是葫芦状的，不甜，花却香。还有一棵枣树下摆满了花盆，里面种的是倒挂金钟、菊芋与紫茉莉。第二进院子里有两棵核桃树，花坛里种的是牡丹。第三进院子最好玩儿，除了花花草草，还种了蔬菜！我摇头晃脑地看了半天就只认出了大葱，不过院子里的老师自己也说："菜籽（种子）全都混在一起分不清了，长出来什么就吃什么吧。"这又何尝不是种淡然的心态呢。

第一进院子种的花草

这里是小猫的乐园。院子里人爱猫，看猫咪吃饭的家伙什儿就知道：不是用碗装，而是用锅盛。锅的容量大，每到周五临近下班前可以多留些猫粮，这样即使周末猫咪也不会挨饿。因为怕风吹雨淋令其变质，也谨防大乌鸦飞来将食物叼走大半，食物放置在隐蔽有遮盖的地方，院中还搭建了猫窝。在院里人的悉心照料下，小猫各个毛发油亮、身形标致，还皆有名字。画画儿期间经历了大黄、二黄从剃毛到长好的过程。猫老大大黄自始至终都心情阳光，不像二黄——被剃毛后小眼神儿里充满哀怨，前阵子还难过地跑去了隔壁书画部。（不过最近看到

第二进院子里的核桃树与二黄

它，毛已经长全，心情也好了很多。）还看到过小美，小帅，有点认生的“白富美”，格外聪明会自己进屋的小橘猫小脸儿（“脸儿脸儿”地叫着，一不小心就连读成了“Leo”）。而“大白熊”因为只在早饭时间出现而没得见，成了小小遗憾。希望它们一切都好。

这里还曾有两位熟识的旧友，在艰难时期给予我些许慰藉。现如今估计连当事

小脸儿，也就是 Leo

人自己怕也忘了那些只言片语，但得到帮助与照顾的我却时常想起并将感谢铭记心间。其实不只他俩，整个院子里的人都非常友善：总有人上前鼓励赞扬，也总有人生怕打扰作画人的清净而悄然走开；总有人问需不需要一把椅子坐下，也总有人提醒这里的蚊子猖獗，一定事先做好防护；总有人不厌其烦地帮忙找寻小猫的身影，也总有人在我傻傻分不清谁是谁时“出手相助”，“指点迷津”，以至于连大黄和二黄除了神情上有区别外，大黄左耳朵尖上有块白斑这

第三进院子的一角种了蔬菜

种“独门”辨认秘籍都让我给学到了。

老师们甚至会小声告诉我，可以去割第一进院子树下的韭菜，回去炒鸡蛋来吃（这下大家都知道了，哈哈哈）。所以真是格外喜欢这里，不知不觉中画的画儿也比其他院子多了许多。可能还是应了那个道理：一个地方之所以能让人念念不忘，很大程度上还是因为与里面的人有着千丝万缕的联结吧。

七 南三所西所

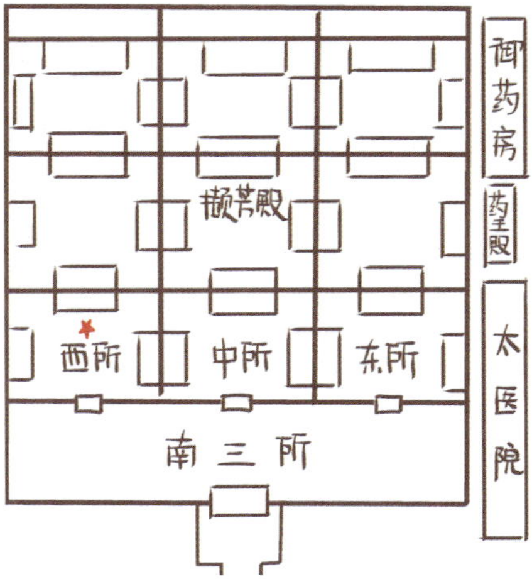

南三所西所

南三所西所原是展览部、宣教部的所在，外观上很好辨认：抬头看最左边有棵大树做伞的院子就是了。院子的前两进原来是展览部，主要承办故宫博物院所有国内外展览的筹备展出；最后一进原来是宣教部——组织活动、宣传讲解都属于他们的工作范畴。

在西所门前仰望院子里的槐树

在一进院子向二进院子小门里望

二进院子里的国槐与后面的房子，国槐的树洞里有一只喜鹊在唱歌

阿乐后知后觉地发现展览部和宣教部已从西所搬走许久，现在新的办公地点在武英殿附近的南大库。老院子也的确因年代久远而变得有些破败，画画儿期间正在进行全面修缮。看着院子里人去楼空，不免有些感慨。不过这也从侧面印证了平日里与西所的“零交集”,否则早点得到消息也就来了。但也算“因祸得福”，因为修缮期间周末门不锁也无人加班，令过来画画儿变得十分方便与自由。

这是处“树很多”的院落。事实上只有三棵国槐，但因为都是有几百年历史的古树，所以棵棵枝繁叶茂、根系庞大，故而显得数量众多。浓密的树冠洒下大片的阴凉，即便身处盛夏，

二进院子里国槐的树根

在树下画画儿也不觉热。画累了常常仰望着大树发呆，感觉它们其实是有灵魂的，没准儿在树干里住着一位树仙，一直在低头俯瞰着院中的人来人往与四季变化。当见的事多了，日子不再用一天、一年为计算单位，而是以十年甚至百年来判别区分，会不会对现在世间发生的事、世人所面对的烦恼看得更开些，也更洒脱超然呢？如果是的话，希望树仙能有空现身，开导开导世人，或者就让枝叶随风摆动，化作这闷热夏日里的徐徐凉风，带给人们多一点的爽快与心安吧。

二进院子东边种的竹子

二进院子西边种的冬青

西所的搬迁令许多东西遗落在了旧院子里——有的是压根儿忘记了，有的则是正好借此丢掉，这让恋旧的我看了心急又可惜。不过大家也大可不必为它们担心。西所隔壁的中所，那个南三所最好玩儿的部门里的人，已经陆陆续续地把这里留下的诸如长椅、花盆等好玩好用的东西转移到他们那儿去了。

因为原宣教部所在的小院子一直处于上锁状态，阿乐打听了许久仍旧未能进入。所以西所最后一进的院子没画，成为本篇最大的遗憾。

八 传心殿区

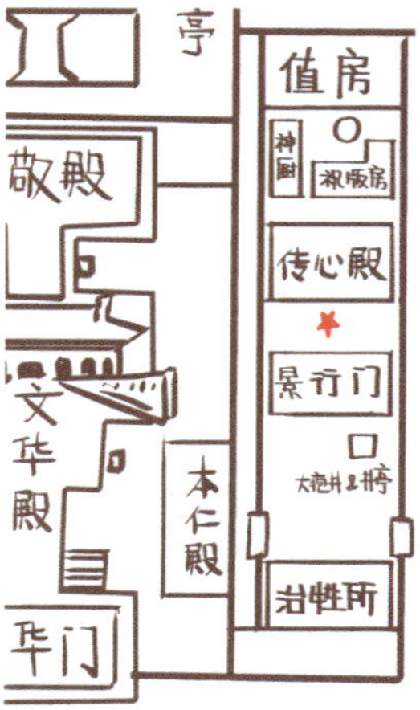

传心殿区

穿过一片茂密的海棠林，文华殿东侧的院子便是故宫博物院古建部的所在。院落由南向北分别由治牲所、景行门、传心殿三座主要建筑与殿后的祝版房、神厨、值房等附属建筑组成。

古建部门口

传心殿作为该区域的主体建筑，建于清康熙二十四年（1685），以前用于祭祀。殿前的景行门，原本只是道门，现在则成了办公室。景行门前坐南面北的建筑为治牲所，以前是宰杀祭祀用牲口的地方。门前东侧有一口水井，名曰大庖井，每年十月都会在此祭祀井神。井内现已干涸，据说其“水味独甘，甲于别井”，更有“玉泉第一，大庖井第二”之美誉。井上建了座井亭，是宫中最大的一座。亭子顶部因为开有露天洞口（建筑术语称其为“盝顶漏空”），而有别于其他井亭。殿后的祝版房则是以前用来存放祝版（祭祀时用来粘贴祝文的方版）的地方。遗憾的是，并没有太多有关神厨的记载。

一进院子的大庖井与井亭

该院也是植物众多。第一进院子中有玉兰与丁香各两株：因为花期不同、交替开花，而令每个季节的景色各有风情。阿乐后知后觉地发现，玉兰的果实是一种红色的疙疙瘩瘩的东西，很是古怪还不能食用。二进院子有核桃树两棵，树叶的颜色青青绿绿，分外清新。秋天画画时发现核桃熟了，果实会由青色转为土黄色。总能看到有人在树底下打核桃，估计味道不错。

一进院子的“植物角”

传心殿前的核桃树

院子里还“盛产”大量好玩儿的透风（即通风口，“特别加映一”中有详细介绍。既然来到了古建部，就必须以建筑术语称呼它，否则会显得不够“专业”，哈哈哈）。不过它们的位置颇高，像我这样的小个子，就必须站在凳子上或者借助望远镜才能看得清楚。这些透风所在的地面长满一人多高的杂草，因而蚊子众多。这也令“招蚊”体质的我每次过去都怕得要命，就只好等天凉再另做打算。画画期间经历了北京从夏入秋的季节变化，原本闷热的天气在一场秋雨后变得凉爽而舒适。坐在阴凉处画画时，不时会有风吹来，很是惬意。

说来也怪，来院工作许久，此前却从未踏足该部。但在听说另一位友人调过去后，便立刻背着画夹麻溜儿前往。由此可见，最打动人的永远不是风景，而依旧是人。毫无悬念地，在画画

二进院子的角落

在一进院子办公室里向外望

期间一如既往地得到了热情招待。其实无须叮嘱“要多画几张我们这儿啊”，美丽的院子，再加上友善的人，让我即使写完这篇，在接下来的日子里也会经常去“光顾”啦。

九 东南城墙

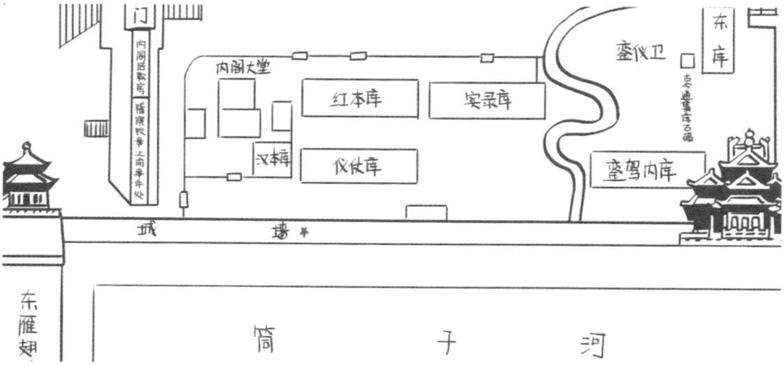

东南城墙

东华门城楼上的古建馆，曾经展出“故宫古建筑守护者系列之单士元专题展览”。除了专题展览之外，还展出了太和殿檐角十一只神兽的实物及相关的介绍，更有许多故宫建筑里的构件，别提多有趣了。某日午间阿乐准备去看该展，就从午门西侧入口爬上楼梯，顺着城墙一路向东。不料，中途却被路上的风景吸引，于是这篇“跑题之作”应运而生。

俯瞰汉本库、仪仗库与红本库之间，黑影是阿乐

一边走一边从城墙向下望，可以看到旧时的内阁大堂、红本库、仪仗库、实录库……这一区域属于内阁区。旧时为大学士直舍，亦称大学士内阁、内阁大堂，是明清时期内阁大学士处理政事的地方（这里沿用至清雍正设立军机处、逐步取消内阁，才逐渐荒废）。至于旁边的銮仪卫，则是贮存皇太后仪驾、皇帝法驾卤簿的地方。再往前走便能看到东南角楼。角楼内播放着介

俯瞰内阁大堂

东南角楼

绍其历史、建筑结构的虚拟现实短片。

因为登高望远而看到许多美好景致，心情也跟着愉悦了起来，于是不厌其烦地走了很多遍。话说最近的天气格外好，经常蓝天白云、阳光灿烂。写到这里不禁想起高晓松在其音频节目《矮大紧指北》某一期中提到，他很喜欢北京的冬天：虽然树木光秃秃的，但阳光反而能很轻易地洒落下来，且光线柔和不刺眼，让人感觉温暖。这样看来，寒冷的冬天也有它的美好之处。

十

建福宫花园

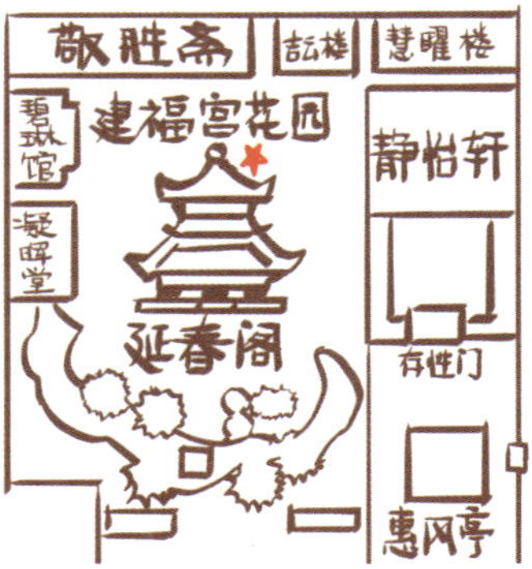

建福宫花园

建福宫花园位于紫禁城内廷西侧，因此也被称为西花园。乾隆七年（1742）始建，花园部分包括静怡轩、慧曜楼、吉云楼、敬胜斋、延春阁、积翠亭、玉壶冰、碧琳馆、凝晖堂等九处。全园占地面积约四千平方米，集宫、殿、楼、阁、斋、堂、亭、轩于一体，为乾隆初年在宫中开辟的一处风格独特的皇家花园。

花园内的走廊

花园内一角

乾隆皇帝建造它的本意是将其作为对母亲尽孝之所，但一直未在此久居。后期则将珍奇文物收藏于此处，这里便成了珍藏之所。民国十二年（1923），静怡轩、敬胜斋、延春阁等处皆毁于大火，整座花园连同无数珍宝皆化为灰烬。1999年经国务院批准，由于香港成立的中国文物保护基金会捐资复建，至2006年完工。2017年3月至5月又对其室内空间进行改造，同年底这里成为当时美国总统特朗普访华在故宫参观的一站。

有围棋盘的石桌

一直都很喜欢建福宫花园，虽然它曾遭遇火灾，但也因此平添些许神秘气息，引人遐想连连。大火烧毁了园内多处建筑，但仍有不少幸存之物逃过劫难。比如：延春阁正中假山上留存的五处题刻，其中四处皆出自隆裕皇太后之笔；玉壶冰（也就是静室）的北侧和东面，“凌云”和“叠翠峰”几个字均可辨认；假山东石洞入口处的“松涛”“积岫岭”也可辨识；假山的东南角咸丰皇帝御笔所题的“云锦屏”也清晰可见。再比如假山东侧还存有围棋盘的石桌以及延春阁前的观赏石，也都是清代遗物。

平日里建福宫并不对外开放，故而阿乐努力地把握每一次“路过”花园的机会，总算攒得了几张。一路画下来，发现很奇妙的一点——乾隆花园与建福宫花园竟有很多共同之处：宏观上来看，建福宫花园内的很多景色都能与乾隆花园内的一一对应；往细节里说，两个花园都有彩色石墙（彩色石料砌筑的墙体、墙基或建筑物的台基），颜色、样式清新可爱，更有花瓶形状的门洞嵌入其中，很是雅致。而彩色石墙与花瓶形状的门洞在故宫其他地方是看不到的。

后来查资料才发现，乾隆花园与建福宫花园在历史上也确实有着千丝万缕的联系：最开始是

遥望碧琳馆

彩色石墙和花瓶形门洞

延春阁西边向南看玉壶冰

因为建福宫花园的设计合理，于是乾隆花园北部的很多建筑都效仿其样式修建，尤其是乾隆花园第四进院落（符望阁仿延春阁，养和精舍仿玉壶冰，玉粹轩仿凝晖堂，竹香馆仿碧琳馆，倦勤斋仿敬胜斋）。而当建福宫花园在民国十二年被大火付之一炬后，又是重新比照乾隆花园来完成的复建。穿梭于两个花园间，一边欣赏景致，一边在心中归纳两者的异同，倒也很新鲜。

十一 景福宫

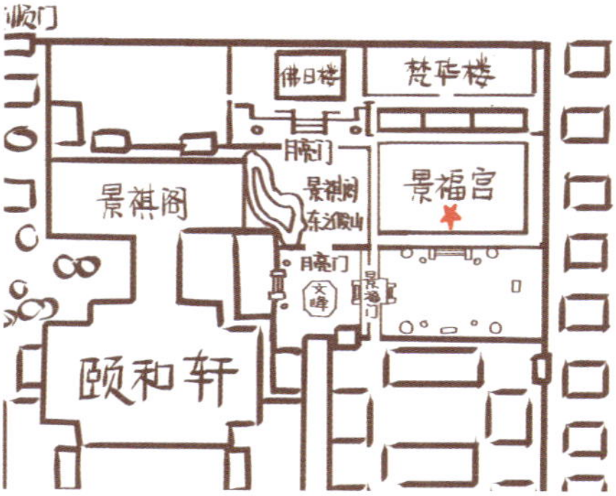

景福宫

以前并不知道景福宫的位置，查看地图依旧毫无所获，直到比对一张民国时期的故宫平面全图才找到些许线索。后来翻看《故宫辞典》，终于搞清楚它的具体位置和布局。这对于一个日常找不着北、迷路是家常便饭的人而言，实在不是件易事。

景祺阁东面的假山

景福宫位于紫禁城东北角——宁寿宫后部东路，是东路北部的主体建筑。始建于清康熙二十八年（1689），为康熙皇帝奉仁宪皇太后（即孝惠章皇后）所居。乾隆三十七年（1772），乾隆皇帝仿照建福宫后的静怡轩重建，以待归政宴憩。宫内明间悬挂着乾隆御笔题“五福五代堂”匾额，是为庆祝乾隆四十九年得玄孙所题。宫西侧、景祺阁东有一假山，假山下有个小门，上书“云窦”二字。假山南有一月亮门，门外可见奇石“文峰”。石上刻有乾隆御制《文峰诗》：“贲然肯来树塞门，景福宫前镇枢纽。”“文峰”石南北各栽人字柏。柏树不但

从景福门内望向“文峰”石

能与院中古建筑相互融合、呼应，还能在一定程度上起到如影壁一般遮挡视线的作用，可谓独具匠心。假山北亦有一月亮门通往佛日楼与梵华楼（皆为清宫藏传佛教佛堂），有曲径通幽之感。

相比故宫其他知名建筑与风景，这里实在不算什么。但可能因为无人知晓，故而显得分外珍贵。院中四下清静，只能听到鸟叫声：麻雀一会儿“呼啦啦”地飞到树上，一会儿又“呼啦啦”地飞了下来，最后在一处“叽叽喳喳”地围成一圈，仿佛在开午间的“茶话会”。布谷鸟在“布谷布谷”地叫着，虽然不知道具体唱的是什么，却和远处大乌鸦的“哇

从景福门里向东望去

哇哇”叫声相互应和，成为和谐的一曲。

偶尔会有小猫路过，钻过墙下的小洞，往颐和轩、乐寿堂方向溜达。以前有时可以遇见出没在乾隆花园附近，短毛白底、背上“披着”块儿狸花纹、名叫“小崽儿”的漂亮猫咪（现在这只小猫去世了）。很是羡慕它，可以那样自由自在、无拘无束地走在故宫各处：哪个院儿的花开了，哪个角落更适合发呆躲清闲，想必它比人类更为清楚吧。

十二 宫廷部

宫廷部

故宫博物院宫廷部位于东华门内三座门迤东，这里以前是养鹰狗处，有鹰房十二间，狗房十九间。嘉庆六年（1801）为续修《大清会典》，将此处辟为会典馆，共有房一百零八间，直到光绪十二年（1886），《大清会典》仍于此纂修（现在只有一小部分建筑保留了下来）。

宫廷部门口的风景

偶尔会听年长的同事们说起，这里还曾有一段时间是单位内部的幼儿园（1979年6月1日建园至2002年闭园）。之后幼儿园停办，最后一批招收的小朋友现在也已成年。再到后来，这里成了故宫博物院的宫廷部。除此之外，一些行政部门也似乎在此办公。

院子里的树很多，印象很深的是两排房子间种植的几株银杏树。秋天的时候，会有满树满地金黄色的银杏叶，在湛蓝色

宫廷部院内的大树

院内角落里的花架

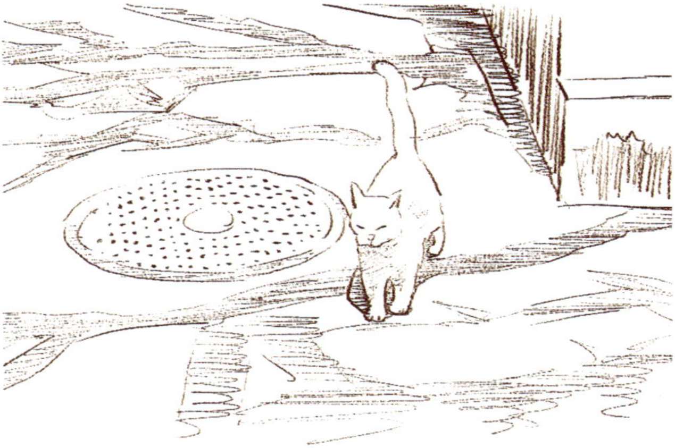

宫廷部里的小白猫“大眼儿”

天空的映衬下，看起来文艺而浪漫。院子里的人热爱花草，从很多角落里摆放着的花盆、栽种着的各种朝气蓬勃的植物便能知晓，更有人为花草们搭了专门的花架。这些点点滴滴的细节都为小院平添了许多生活气息。

最近几次前往，经常会碰到一只叫“大眼儿”的白猫，它小时候得过眼疾，后来做了摘除眼球的手术。性格友善热情，总是像向导一般温和地喵喵叫着，引人四处游走。也因为它的存在，令阿乐打消了对陌生环境的不适应感。小小的院子里总是非

站在东南城墙上俯瞰宫廷部

常安静，所以一直以来都不好意思过久停留，总是匆匆地来匆匆地去。每次都轻手轻脚，唯恐发出声响，惊扰到人。所幸有一段时间东南城墙（即东北角楼至东南角楼一带）开放了，可以在城墙上眺望这座可爱的院落。静静地看着院子里的四季变化、人来人往，倒也别有一番乐趣。

十三　銮仪卫

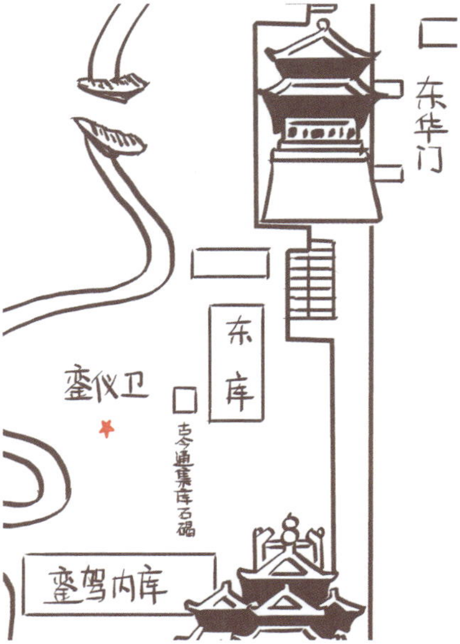

銮仪卫

进入故宫博物院东华门向西走不远，便会发现南边有个小门。这扇门乍看之下并不起眼，内里却别有洞天。因为这里是銮仪卫所在。

銮仪卫一角

銮仪卫全称銮仪卫内銮驾库址，位于东华门内迤南，东南临紫禁城墙，西临御河。此地还是明代古今通集库遗址，是收藏皇帝给功臣、将领、藩王、驸马等的诰封、铁券、诰敕、印信、勘合、符验、信符的地方，由印绶监的掌印太监主管，是明朝皇帝御用的档案库。嘉靖十三年（1534）紫禁城外修建了皇史宬，这里的档案便移到了皇史宬，而古今通集库的石碑还留在此处。到了清朝，成为贮存皇太后仪驾、皇帝法驾卤簿之所。时至今日，此处更像一座仓库，院内存放着一些石墩、石兽与须弥座。此外，这里还是内金水河从此库西侧城墙下流出紫禁城、注入护城河的地方。

院内摆放的石构件

这里也是一处小动物聚集区。经常出没的是大乌鸦与珠颈斑鸠（一种颈部环有一圈黑底白点花纹、体形有点类似鸽子的小型鸟类），有时候也会有“喵星人”。印象最深的是一次在院子里画一堆散布在草丛里的石构件，当时艳阳高照，正满头大汗、画得晕头转向之时，忽然发现其中一个石墩“活动”了起来。再定睛一看，原来是只小白猫不知从哪儿闪了过来，在草丛里玩耍。说来也怪，这里似乎很受白猫的青睐。究其原因，大概是因为那些或竖立或倾倒在院中的石碑、石构件的颜色白中略有发黄，与白猫的毛色颇为接近。

之前总被问及，单位哪里能碰到小动物。仔细想来，无论猫还是鸟类，大多胆小、认生，最喜欢在安静、自由又不被打

在城墙上俯瞰銮仪卫

扰的地方活动（比如銮仪卫）。要问为何它们不躲着画小画儿的我，大概是冥冥中总和小动物有些缘分，又或者是因为我与它们一样，也喜欢默不作声、自顾自地猫在角落，才能够互不打扰、相安无事吧。之后一段时间里，随着午门至东华门一带的城墙开放，大家也就有机会俯瞰銮仪卫的样子了。

院内存放的石狮

十四 英华殿

英华殿

单位同事之间有个小默契：每天早上第一个来的人会去水房把全屋一天所需的热水打好。虽说打水的地方与办公室距离略远，但大家似乎乐此不疲。常常见到一人或两人结伴慢悠悠地骑车前往，遇到相熟的还能停下车开心地攀谈一会儿。又或者如我一般喜欢借机四处闲逛，走走停停，依心情而选择走不同的路线，看不同风景的同时也总能有新发现。

英华殿山门

最近发现一处院落在维修：一开始只是凑在门口东张西望地窥探,最后被好奇心驱使着走了进去。虽然最终无法进入正殿,但也足以让人浮想联翩。回来后查资料，才发现这个地方是英华殿。

英华殿位于外西路寿安宫之北。明代建，初曰隆禧殿，明隆庆元年（1567）更名。清乾隆三十六年（1771）重修，为明清两代皇太后及太妃、太嫔们礼佛之所。明代每年于万寿、元旦等节在英华殿做佛事。明神宗生母慈圣皇太后卒，神宗上尊号曰“九莲菩萨”，奉御容于此。清代宫中皇太后及皇后俱以此为礼佛之所。殿中每月供乳饼及水果，并设太监专司该殿香烛、

英华殿山门局部

洒扫、坐更等。咸丰二年（1852），咸丰帝曾亲诣此拈香。

该区域主要由英华殿山门、英华门、英华殿碑亭、英华殿四部分组成。其中英华殿山门为第一道门，中间开辟三个白石垒砌的拱券形门洞，在宫中很是少见。然后向南为英华门、碑亭以及英华殿。碑亭于清乾隆年添建，亭内立有石碑，上刻有乾隆御制英华殿菩提树诗、菩提树歌。

何年毕钵罗，植兹清虚境。径寻有旁枝，幡拿芝幢影。翩翩集佳鸟，团团覆金井。灵根天所遗，嘉荫越以静。我闻菩提种，物物皆具领。此树独擅名，无乃非平等。举一堪例诸，树以无知省。

——乾隆七年御制《英华殿菩提树诗》

通往英华殿区域的小门

我闻法华调御丈夫成道处，乃于伽耶城中菩提树。又闻华严海会诸如来，一佛一树乃至恒沙数。一亦非合，恒沙数非离。是佛是树皆菩提。娑罗贝多阎扶谁则见，唯有菩提之树郁葱蔚郁，常依佛日生光辉。英华之殿耸层甍，胜国莫考，国初曾以居慈宁。思斋太任笃奉佛，爰供法像，延禧笃祜贻云仍，时来瞻礼意肃穆，庄严宝轴相好合梵经。或云即是北斗之七星，贝帙一一名可徵。菩提七树森列庭，是诚不可思议标祥祯。枝枝叶叶数无万，如斯无万数，绳绳继继永世绵皇清。

——乾隆二十六年御制《英华殿菩提树歌》

说到菩提，就免不了要提及英华殿甬路两侧种植的非常著名的菩提树（开始有两株，后繁衍成七株）。虽也有资料称它们并非真正的菩提，而属椴树科。但由于：第一，栽种在故宫，自带皇家贵气；第二，菩提树多生于南方，北方则多以椴树、银杏等替代栽种于礼佛场所；第三，为明神宗生母圣慈李太后所亲手栽种，又属古老品种，甚是珍贵；第四，据传曾有高僧加持……上述原因都令这里的五线菩提子身价大涨，令藏家们趋之若鹜。

希望自己拥有的超能力

此处须科普下，菩提子并不只是菩提树的果实，而是泛指所有可以用来穿制成数珠法器或者文玩手串的热带、亚热带坚果类植物种实，而这也是为何该树非菩提树，果实却属菩提子的原因。

不过老实讲，阿乐对菩提子其实没啥兴趣，只是看到资料里写菩提树是盛夏开花，花朵为黄色，很是耀眼，而后脑补了整整一树向日葵欣欣向荣的颜色，故而向往。也常希望自己能拥有爬进院子里的超能力，那就姑且把此篇当作一个树洞，许下心愿：希望哪天真的可以进去瞅瞅吧。

十五 雨花阁

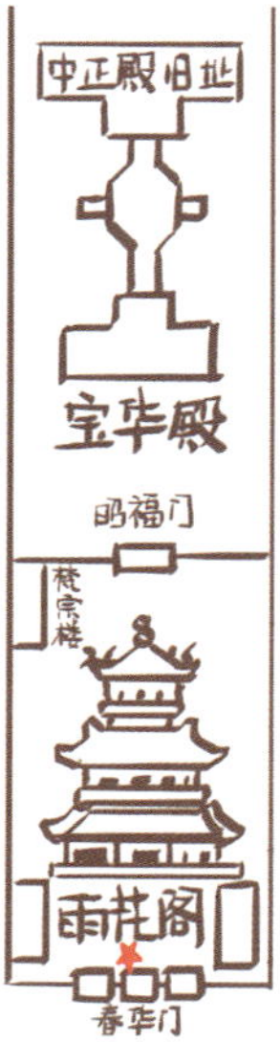

雨花阁

雨花阁是宫中藏传佛教佛堂之一，内供西天梵像，清乾隆十四年（1749）建造。而吸引阿乐画了又画、流连忘返的点主要有四个。

雨花阁正面

一、神秘色彩的建筑

雨花阁的建筑外观带有浓郁的西藏地方建筑特色，为清宫孤例。阁外观三层，内一、二层之间设一暗层，颇有玄机，属于“明三暗四”的楼阁式建筑。内部陈设亦有特色。底层称智行层，悬乾隆题额曰“智珠心印”，供奉无量寿佛等密宗事部的主尊，内有乾隆十九年（1754）所做珐琅坛城三座。二层为夹层，光线较暗，只占一层北半部，前设供案，后为楼梯间；称奉行层，供佛九尊，中为菩提佛，左右供佛母、金刚各四尊，墙壁上挂满“唐卡”。三层供奉瑜伽部的五尊佛像，又称瑜伽层。四层称无上层，供奉密集、大威德、胜乐佛各一尊。

从福宜斋遥望雨花阁

二、历史背景

因事被科普才知，今年距离民国十二年（1923）建福宫大火已有一百年。而那次火灾也殃及了建福宫花园叠石假山迤南的香云亭、中正殿、淡远楼所属的雨花阁区域。溥仪在《我的前半生》中提及此事，最初是因为发现宫内有偷盗现象，而建福宫区域存有大量贵重物品，最后他接受了师傅们的建议，决定清点一下建福宫，大概是那些监守自盗的太监眼看自己就要暴露，就不得不用火来消踪灭迹了。真是命途多舛。所幸，如今两处区域的建筑都被复原重建。

三、有趣的小细节

行龙：雨花阁建筑为四角攒尖式顶，覆以鎏金铜瓦，四角垂脊各为一条立体铜鎏金行龙。仔细观察下来，发现龙的身影在该建筑内无处不在。

饕餮：雨花阁建筑外侧常见到此物，《畅音阁》一篇中介绍过它。从建筑学角度来看，它们在门楣、拱道和楣柱上构成了一个相同的主题，反映出它们已融入立体坛城宫中，更附有图解。

器物上的图案：昭福门去往宝华殿的路上有只香炉，底座的图案很特别：一只小狮子摇头晃脑地衔着绣球的飘带在玩耍，动物造型生动活泼，雕刻工艺亦栩栩如生。

雨花阁檐角行龙

雨花阁建筑外侧的饕餮

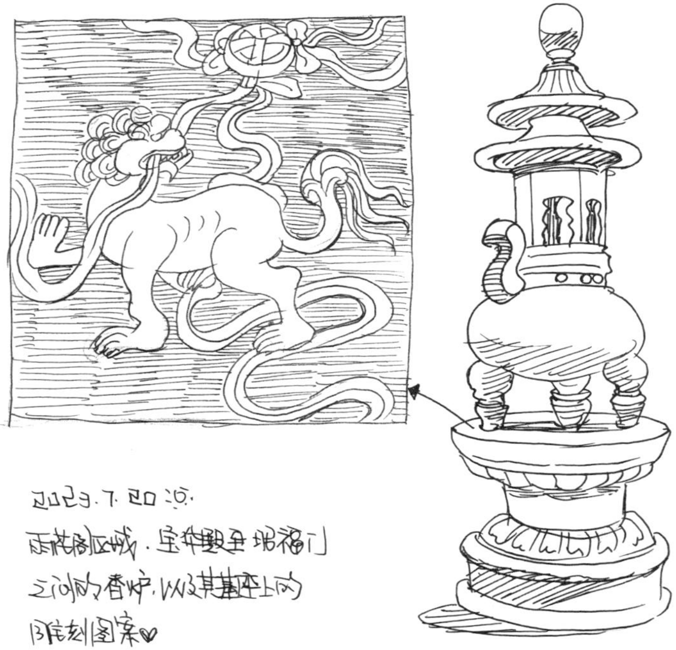

香炉及基座图案

四、帝王所书相关楹联 / 对联

乾隆帝题的较多:“宝界现庄严云凝华鬘，香台开般若雨散曼陀”，“般若慈源远通华海汇，菩提觉路妙转法轮圆”，“七宝共庄严金光高映，四花纷拥卫香雨浓霏”。但还是喜欢雍正帝题的那句:“花布妙香霏四种，金涂杰阁观诸天。”

虽然不开放，但天气好的时候，在隆宗门广场向北偏西的方向望去，也能够看到雨花阁遗世独立的美好模样。也许真心喜欢不一定就必须拥有，远远望见它的存在也很美好。此时脑海里莫名涌出一句:“此时相望不相闻，愿逐月华流照君。”

雨花阁远景

十六　梵华楼与佛日楼

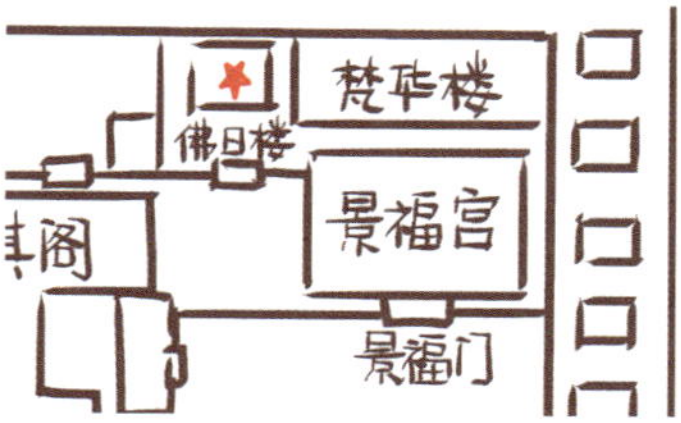

梵华楼与佛日楼

因为写画雨花阁，而想到宫中另两处藏传佛教建筑：梵华楼与佛日楼。因所存资料不多，于是慢慢积累收集。又因二者毗邻并有共通之处，最终合二为一，写于一处。本篇也应运而生。

此处位置的确不好找，翻看《清宫述闻》中相关记录也只寥寥数笔："景福宫正殿后为梵华楼，稍西为佛日楼。保泰门至佛日楼，是为宁寿宫东一路。"大家也可理解为它的大致方位就

梵华楼外景

在珍妃井迤东区域。

梵华楼是宁寿宫后部东路最后一座建筑，位于景福宫后，清乾隆三十七年（1772）仿建福宫静怡轩后慧曜楼所建。楼二层，外檐装修均为灯笼锦加“卐”字团如意头卡子棂格，外檐绘苏式彩画。楼内上下层七间均各自分隔，内设佛堂，供奉喇嘛教佛像及乾隆三十九年所造珐琅塔六座，至今仍为原状陈设。据《内务府奏销档》记载，嘉庆二十三年（1818），遵旨承修梵华楼工程。

窃以为，此间最大特色是楼内所藏。又因其不对外开放且为藏传佛教建筑而更添异域风情。话说回来，此前院内的“祥开万象——故宫与西藏文物联展”中展出的部分佛造像就出于此处。而梵华楼也在该展中首次以场景复原的形式对外展示——模仿梵华楼一室般若品楼上的场景，展出东西两边佛柜供奉的共计 122 尊佛像。其中每一尊都造型独特，工艺精美，神态万千，也令观众得以通过该展揭开蒙在建筑外的那层神秘面纱，一窥楼内端倪。

梵华楼内陈设

透过月亮门看佛日楼

佛日楼则位于梵华楼西侧，清乾隆三十七年建。楼二层，上下各三间，黄琉璃瓦绿剪边卷棚歇山式顶，金里装修，外檐苏式彩画。明间开门，次间为槛窗，步步锦格心。一层以隔断隔为数室，内供喇嘛教佛像。楼前以虎皮石贴面墙围成小院，南置月亮门，可通景祺阁东院。每年十二月安供巴苓。嘉庆二十三年，曾遵旨承修佛日楼工程。

除了之前提及的二者皆为供佛之所以及地理位置毗邻外，两楼间更设窄小汉白玉阶梯，有过梁相通。具体则为：佛日楼东首与梵华楼之间有楼梯可至上层，并有石梁与梵华楼二层西小门相连。这在宫中建筑群中也并不多见。

文末援引乾隆帝所题楹联结束此篇，其将梵华楼与佛日楼合为一处："梵华普散维摩谛，慧日恒融乾闼禅。"

十七 倦勤斋

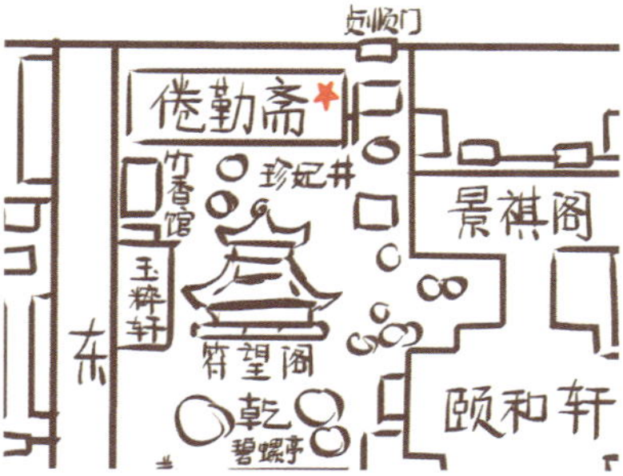

倦勤斋

一直以来都很喜欢倦勤斋。虽然隔壁即为大名鼎鼎的珍妃井，但此处却是毫不张扬、安安静静的一座小楼，打开门则别有洞天、内藏乾坤。

倦勤斋在符望阁后面，北边倚靠宫墙，是位于宁寿宫花园最北的建筑。它是清乾隆三十七年（1772）仿照建福宫花园中

倦勤斋正面图

的敬胜斋建造的。坐北面南，面阔九间，卷棚歇山式顶，绿琉璃瓦顶，黄琉璃瓦剪边，檐下饰以苏式彩画。

其引人入胜之处主要在于，在建造时匠心独运、富含巧思，与周边建筑都有连接：东五间与符望阁相对，前出廊，左右接游廊并分别与符望阁两廊相接，东五间西壁又有暗门与西四间相通。没记错的话，“游廊”图中的尽头就是那道暗门，隐藏于一面镜子之后。而西四间与竹香馆相连，自成一体。

游廊

斋内虽然以仙楼隔为小室数间，设宝座床多处，却并不局促。主要得益于两点：天花板上绘制有大量融合了西方绘画风格、采用郎世宁绘画技法的紫藤萝通景画，立刻令一楼从视觉上挑高不少，即便身处小二层复式结构中也不觉憋闷；墙面更绘制大量同风格建筑、风景、丹顶鹤壁画，画前以竹篱作为隔墙，使空间有了纵深感，令平视角度变得深邃。被称为小户型装修典范当之无愧。

戏台

不仅如此，内里面积虽不大，却有很多好玩儿之处，大有“麻雀虽小五脏俱全”的意思。比如西四间设置的戏台，在《清宫述闻》中亦有相关文字记载：“倦勤斋建有小戏台，乾隆时，尝命南府太监演唱岔曲于此。岔曲者，辇下小唱也，以八角鼓、三弦两者赓之，宝小岔所创，故名岔曲……如酒家、闲居乐、山居乐、渔乐清溪、独坐幽篁里、采菊东篱下诸曲。皆极风雅，使听者移情，虽名小曲，实为太平之音。今所存仅近百种，皆本院于升平署戏箱内检获者也。”

民国时期徐珂曾写过一本汇编了清代掌故逸闻的书，名曰《清稗类钞》。其中似乎也有倦勤

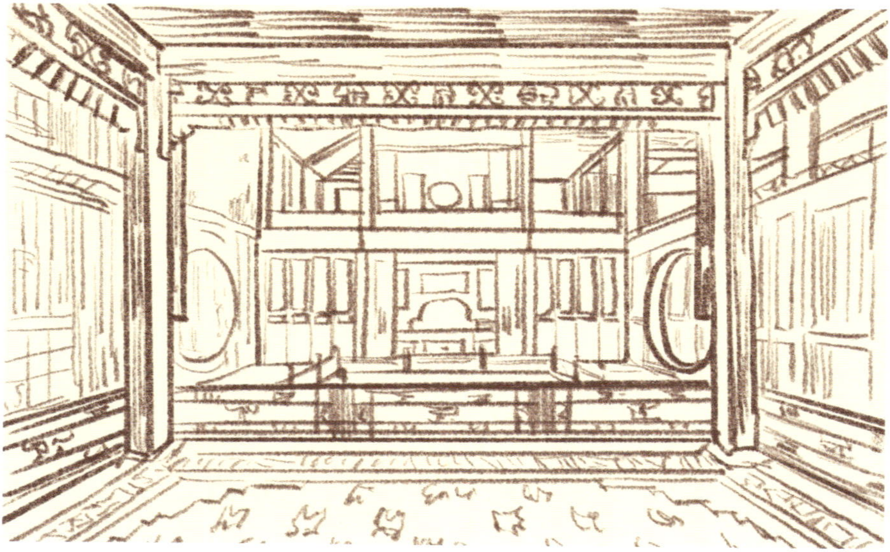

由戏台向斋内看

斋的相关记载："光绪中，大内有宫眷应侯室，在牡丹山上，地如郊野，室中陈设皆竹器，窗格雕成蝶形寿字，内悬粉红丝帘，室后为竹棚，绕以栏杆，凭栏置椅，上悬红纱灯，薄暮即燃。"未指明何地，疑即在此园中。

倦勤斋本是乾隆皇帝给自己建造的用于退位后颐养天年之所，然而这位勤勉的君主却从未真正歇业。"耆期致倦勤，颐养谢喧尘"的诗句终究成为一句美好愿景，但在另一方面看来又十分值得称颂。

十八 寻沿书屋

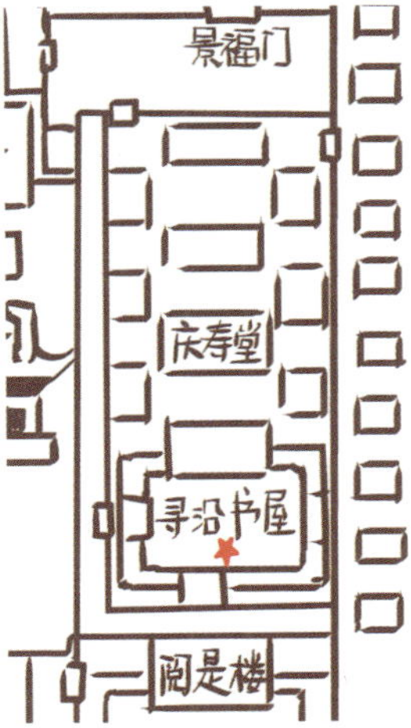

寻沿书屋

寻沿书屋于清乾隆三十七年（1772）建立，也是一处未开放区域。它位于阅是楼后、庆寿堂前，具体则是在宁寿宫后区东路。其实我们走到畅音阁附近看到戏台，离它也就不远了。

寻沿书屋正门

书屋面阔五间，进深一间，前后出廊，绿琉璃瓦黄剪边，卷棚硬山式顶。明间安步步锦格扇门，余为槛墙支摘窗。前有垂花门一座，既是院门，亦为整个庆寿堂建筑群的主入口。东西配殿各三间，黄琉璃瓦卷棚硬山式顶，明间开门，步步锦格心。西配殿明间后檐开门，接西过道直通乐寿堂前院。书屋院内正殿、配殿及垂花门之间以抄手游廊环抱相属，自成天地，营造出有别于庆寿堂其他院落清雅的建筑氛围。

寻沿书屋西侧

除此之外，此处亦毗邻乐寿堂（隶属宁寿宫中路区域）。西配殿明间后檐开门接西过道更可通往乐寿堂院。光绪二十年（1894），慈禧太后曾居住于此区域，住在乐寿堂。皇帝后妃每日到堂前请安，而光绪帝则是在晨间请安侍膳前，先至寻沿书屋处坐候；屋后为庆寿堂，此期间也常常为醇王福晋，恭王、庆王女等来宫者居住。

寻沿书屋东侧

自然而然地，乾隆帝也曾御制《寻沿书屋》诗一首："寻绎黄家语，沿回学海澜。用行说云教，有述孟言观。讵在工章句，要于审委端。待当谢机政，枕葄沃心安。"据说，寻沿书屋的得名也是源自诗中的首句。

下编　细节背后有深意

一 故宫里的犬卫士

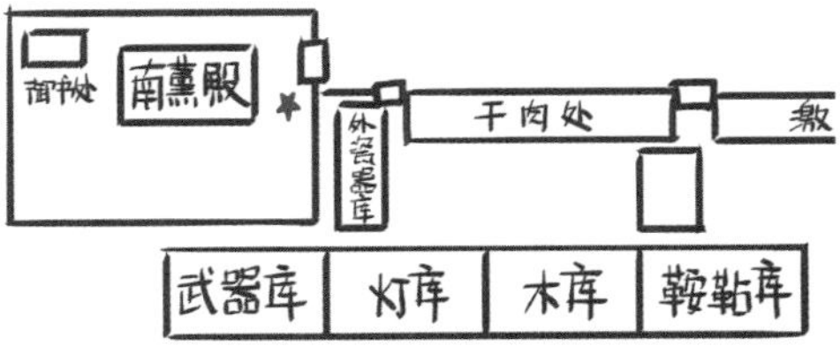

故宫里的养犬处

今天来说说故宫里的安全小卫士——警犬们的故事。阿乐表示，虽然自小喜爱狗，并且熟悉众多家庭犬的品种，还把养狗作为自己人生的一大理想，但是至今也没实现。坦白讲，在单位工作许久，竟从未去看望过这些犬卫士。究其原因，可能有点“叶公好龙”的意思：虽然非常喜欢狗的忠诚与友善，但还是挺怕被凶猛的大狗咬伤的。友人说，这叫“乐公好狗”。所言极是。

故宫所饲养的犬类品种

故宫目前所饲养的警犬主要有两个品种：德国牧羊犬（就是俗称的大狼狗、黑背）和比利时马犬（瘦瘦长长的脸还真有点像马呢）。这是目前应用最广泛的工作犬，也是警队的首选犬种。据训狗的师傅说，以前也饲养过其他类型的犬，比如藏獒和拉布拉多。但实际操作下来，发现藏獒只是生性凶猛、样子唬人，并不好训练；拉布拉多则是众所周知地友善，更适合居家饲养。还是德国牧羊犬与比利时马犬的领悟力、攻击力与扑咬力更优。

看望狗狗的过程中，狂吠声成为我与师傅交谈的背景音乐。大家都知道，一些小型家庭犬（如博美犬、泰迪犬）动不动就狂吠，大部分原因是出于紧张害怕。但是对于大型犬尤其是警犬而言，狂吠则有警戒与震慑敌人的意味。全程被狂吠声吓傻到说不利索话的阿乐在狗房还意外碰到了一只非常淡定、竟然可以和狗

狗房日常

猫犬的和平相处

狗和睦相处的大黄猫，并得知一条小小八卦——师傅们晚上带狗出去巡逻、路过十三排出版社的地盘时，总会碰到在那儿“常驻”的一只友善大橘猫。它每次都会跟着师傅和狗狗一起“巡逻”，走一圈后才会回自己的窝。听到这个消息，我立刻对上述两只猫肃然起敬！

阿乐的探访日记

除了感谢狗狗，最应该感谢的其实是训导师傅们。要知道，没有他们辛勤的值班、训练、引导与巡逻，也就没有训练有素的狗狗和现如今的平安故宫啊！

二　檐角神兽有几只

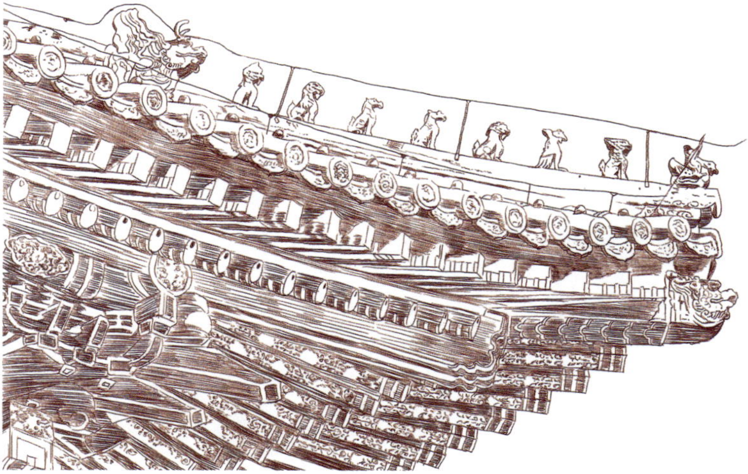

太和殿檐角神兽总图

东华门城楼上的古建馆开放了，馆内除了最初有单士元先生的生平展，还展出了大量的太和殿檐角神兽，并附有它们每一只的相关介绍，实在是太喜欢了！

坦白讲，虽然是小动物爱好者，但我总也分不清檐角神兽哪只是哪只。秉着“好记性不如烂笔头”的原则，决心一口气将它们全部画下来顺便科普，这样下次再见时就不会叫错名字了。

仙人

又叫真人。安装在宫殿建筑屋顶檐角处垂脊、戗脊和角脊的最前端。外形是一位骑着一只昂首挺胸的鸡的仙人（也称“骑凤仙人”）。满挂琉璃釉色，既起到防水作用，又是屋角的装饰品。本系列仙人走兽构件为康熙年间太和殿重建时烧造的原件。2006 年太和殿大修时更换下来收存保护。

仙人
清康熙三十四至三十六年（下同）

龙

龙

龙是仙人后面走兽中排列第一的琉璃构件。由于其体型较小，故和下面的盖脊瓦烧制在一起。龙是吉祥威严的化身，天子的象征，集各种动物的美德于一身，是万物之灵，威力无穷。

凤

凤

走兽中排列第二的琉璃构件。凤是百鸟之王，象征着祥瑞和天下太平，人民安康，生活美满幸福。

狮子

狮子

走兽中排列第三的琉璃构件。狮子是兽中之王，在佛教中为护法，象征忠诚、勇猛、威严。

天马

天马

走兽中排列第四的琉璃构件。天马日行千里，追风逐日，凌空照地，是祥瑞之兽，忠勇之兽，寓意皇家威德通天。

海马

海马

走兽中排列第五的琉璃构件。海马能入海入渊，逢凶化吉，是忠勇祥瑞之兽，寓意皇家威德深可如海。（阿乐认为它与天马的区别是，海马没有翅膀。）

狻猊（suānní）

狻猊

走兽中排列第六的琉璃构件。狻猊在古文献中是和狮子同类的猛兽，勇猛无比。《尔雅·释兽》中说："狻猊，食虎豹。"有赈灾降恶的寓意，百兽率从。

狎鱼

狎鱼

走兽中排列第七的琉璃构件。外形似古代的虬龙（即有角的小龙）。尾部带有鱼形尾鳍，是鱼与兽相结合的神兽，可赈灾防火、兴云作雨，是吉祥的化身。

獬豸

走兽中排列第八的琉璃构件。外形奇特，形似龙，又有尾似狮子，且生角。獬豸是传说中的一种猛兽。《异物志》载：“东北荒中有兽名獬豸，一角，性忠，见人斗，则触不直者；闻人论，则咋不正者”，有主持公道的意思，是正义的化身，象征着皇家的正直和无私。（除了前腿是蹄子，没有鳞片和尾鳍以外，獬豸其他地方长得和狎鱼类似。）

獬豸（xièzhì）

斗牛

斗牛

走兽中排列第九的琉璃构件。外形似牛，身上披挂鳞甲，又有龙的神态。斗牛是传说中虬螭（qiúchī）的化身（螭，传说中一种没有角的龙），遇阴雨云雾常蜿蜒道旁，可赈灾防火，兴云作雨，能逢凶化吉。

屋顶上排列的小兽，按规矩在仙人后面的数量只能使用奇数，具体视建筑等级和背的长度而定，最少可使用一个，最多可使用到斗牛一共九个。

行什

行什

排列在走兽的第十位，故称行什。是猴子形的走兽，背生双翅，手持宝杵，能降魔除妖，是传说中的雷震子。具有防雷和消灾免祸、惩恶扬善的超凡功力。行什的使用是个孤例，只出现在故宫太和殿建筑的屋顶上，是建筑至高无上地位的象征。

要问这些檐角神兽里我最喜欢的是哪只？答案是狎鱼！因为它长相呆萌，龙头鱼身，还有小爪子实在很好玩儿，哈哈哈！

三　故宫建筑细节中的吉意

凤凰柱头

众所周知，故宫是当今世界上现存规模最大、保存最完整的古建筑群之一。然而，画了那么多的故宫风景，发现自己其实不太喜欢宏大的建筑题材，总觉得太过古板，画着也费力，但对建筑里的小细节情有独钟。

角叶

角叶是包在木门框外、用来增加门角牢固度的金属连接物。加固的同时也增加了美观度。角叶上不仅有一个个圆形的钉带装饰，还会有龙凤花纹与吉祥图案。

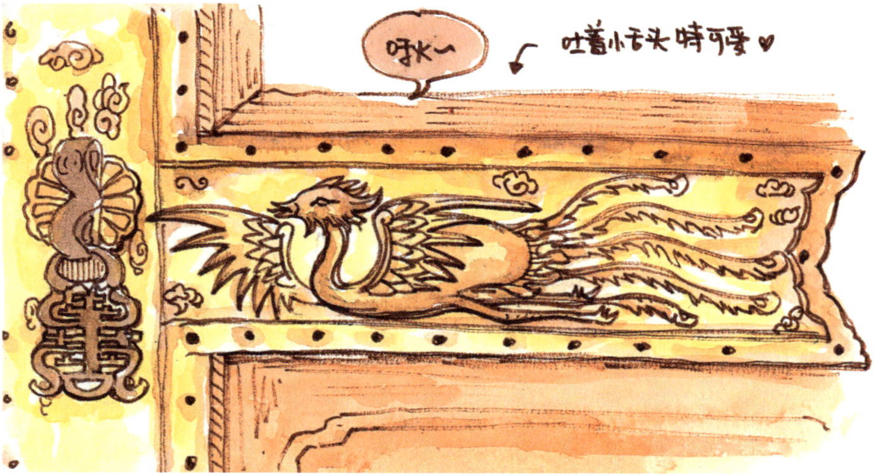

左：翊坤宫门前的门钹；右：翊坤宫的凤凰角叶

永和宫附近的游龙角叶

发现凤凰图案的角叶是经一位好友提醒。当时她发来照片：“你看凤凰嘴里还吐着小舌头，多逗趣！”于是和她“臭味相投”的我立刻就跑去翊坤宫把它画了下来。后来想要找一个游龙图案与凤凰对应，原本看好了斋宫的一处，可还没等前往，就发现随着相关展览结束，斋宫也随之关闭。所幸后来在永和宫青铜器馆附近发现了另一个好看的游龙角叶，弥补了遗憾。

须弥座

在故宫里总能碰到须弥座的身影。它们又称“金刚座”，原指佛座，后用于等级较高的建筑及坛庙的基座，有时也会摆放

皇极殿前的须弥座及座上雕刻的小神兽

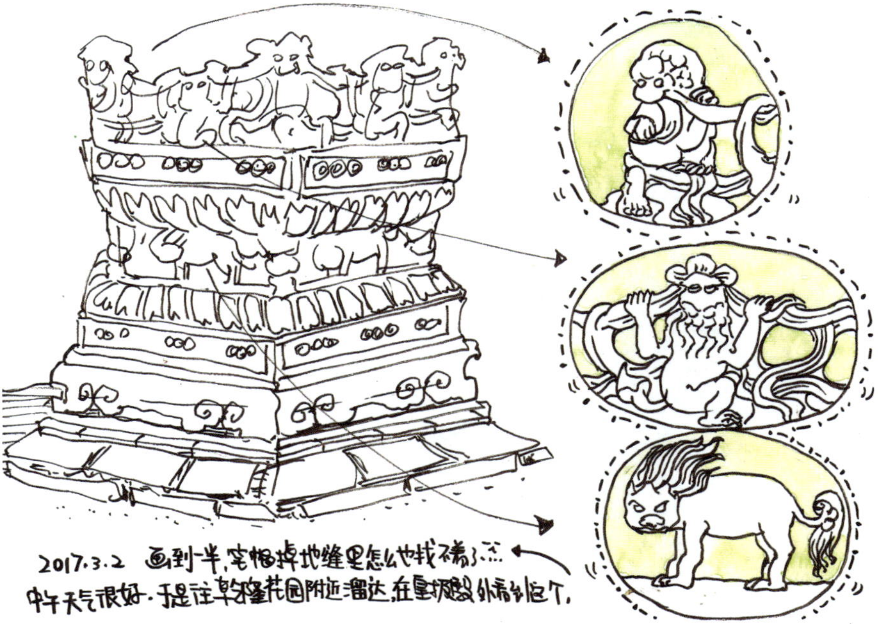

怪石。须弥座上雕有各种不同纹样的图案，随建筑等级、用途而定。现如今有的基座上虽然已没了摆件，但座上雕刻的纹样图案却依旧清晰可见。

第一次碰到就特别喜欢并想要画下来的须弥座就是皇极殿前的这一处。当天本打算去乾隆花园逛逛，途中看到了它。发现座上雕刻的小神兽极其可爱，表情中透露着狡黠，小眼神儿让人想起日本漫画家荒川弘笔下《钢之炼金术师》里的大反派：虽然是坏人，但也有可爱之处。于是立刻拿出本子开画。同样的神兽还出现在御花园堆秀山底下的怪物喷泉上。

影壁

已经快忘记是从什么时候开始对影壁产生了浓厚的兴趣。依稀记得有一天早上不到八点，阿乐溜到慈宁宫里“晃荡”，似乎是在通往大佛堂的门附近发现了这处有小花盆和荷花图案的

慈宁宫影壁

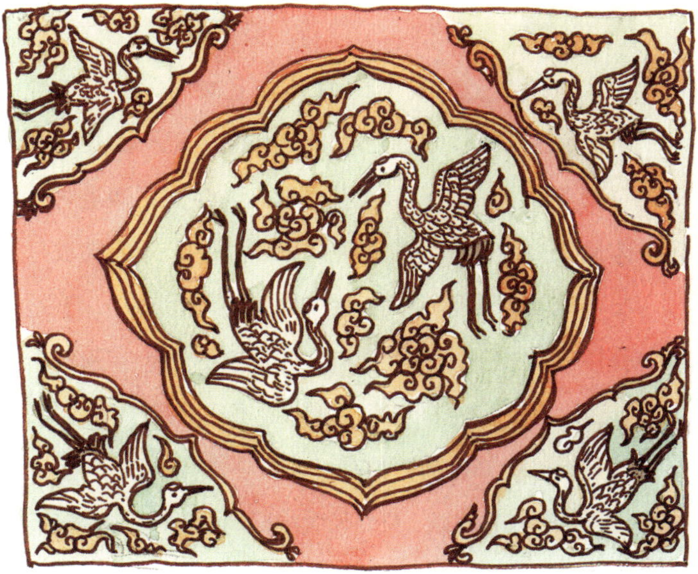

御花园天一门影壁

影壁，于是就记住了。从此便开始留意各处的影壁，虽然也经常苦恼于个中图案过于繁琐（尤其天一门这处影壁里的图案排列更是完全不对称，仙鹤旁边环绕着的祥云每一朵都不一样），但也因此很佩服工匠们的超群技艺。

影壁是指建筑物前或后大门内外的墙壁，也称照壁。故宫中的影壁多以琉璃饰面，高浮雕做装饰，如九龙壁、乾清门外的八字影壁等。除了上述这两个以外，养性门后的荷花影壁也特别动人（见《宁寿宫区域》篇）。上面不仅有荷花、荷叶，还有嬉戏的水鸟，颜色青青绿绿，为闷热的夏天带来些许凉意，以至于虽然青蛙没有入壁，却总让人感觉背景声音是“听取蛙声一片”。

门钹

门钹就是门扇上的金属拉手饰件。发现它纯属偶然：在翊坤宫画凤凰角叶的时候，留意到它左侧有个“门把手”很是好看。当时并不知道它具体是什么，只是凭着一腔热爱画了下来，后来被好友告知是“寿”字门钹（见“角叶”配图），于是就怀着“找寻另一个好和它配套”的心态寻遍整个东西六宫。据说在“寿”字门钹下还有另一个门钹，只是饰件不知去向，很有可能是一个“福”字门钹。找寻最终宣告失败，只好用太极殿门前的门钹来替代。

太极殿门前门钹

四 紫禁城建筑构件科普

建筑构件总图

前阵子在东华门城楼上的古建馆内画檐角脊兽，偶然发现对面展出的竟然是故宫建筑中的构件，并且配有详细的文字介绍。这可太令人惊喜意外了：要知道，我之前可是“痴迷”了好一阵子古建部的建筑构件呢。记得当时叫不出好多构件的具体名称，这回可终于能搞清楚啦！

用于庑殿顶或歇山顶的琉璃影壁，承托屋顶出檐，仿照木构中的椽、飞和望板形制，而将三者合并烧制为一整块，故名板椽。三面皆着釉。此件为故宫琉璃门上的构件。

庑殿顶：亦称为四阿顶、五脊殿。古代传统建筑屋顶形式之一。由一条正脊和四条斜脊组成四面坡，有单檐、重檐之别。重檐庑殿顶为屋顶等级最高的形式。

歇山顶：古代传统建筑屋顶形式之一。由一条正脊、四条垂脊、四条戗脊组成，故又被称为九脊殿。为庑殿顶与硬山屋顶的混合形式。其特点为两侧坡面上部为垂直三角形墙面，称山花。檐为四面坡。

板椽（chuán）
清（1636—1912），下同

清代工匠对桁（héng）条的俗写。相当于木构建筑中的檩（lǐn）。置于梁上。断面局部表现檩子的圆形轮廓，直接承托屋顶重量。正面雕刻彩画图案，后部做出小肋与上部构件连接，露明部分挂釉。此件为故宫琉璃门上的构件。

行条

斗拱用于高等级的琉璃影壁上。仿照木构建筑中的斗拱形制而将若干构件烧制为一体。分为平身科斗拱和角科斗拱，此件是平身科斗拱的第一层。其上承接斗拱第二层，拼接成为完整斗拱。露明部分上釉。此件为故宫琉璃门上的构件。

斗拱头层

斗拱第二层

此件为平身科斗拱的第二层。露明部分上釉，后端做成榫头。是故宫琉璃门上的构件。

又名半板方。位于柱头和额枋（fāng）之上，直接承托斗拱的构件。看面上常雕饰图案纹样。露明面满着釉。此件为故宫琉璃门上的构件。

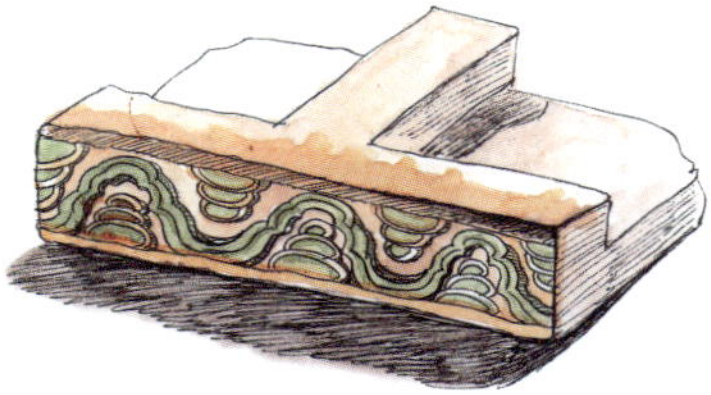

坐斗方

额枋

琉璃影壁外檐左右两柱之间的横向联系构件。看面满着釉，并仿照木构建筑的额枋彩画雕饰图案纹样。此件为故宫琉璃门上的构件。

用在琉璃影壁左右两侧，形制以圆柱为常见，柱头露明处施釉并雕刻有花纹，故称圆花柱头。耳子是贴于柱子正面的装饰构件。模仿木构建筑身上的额枋出头，相当于木结构上的“霸王拳”。可做成花瓶形式，成为瓶耳子。此件为故宫琉璃门上的构件。

圆花柱头、耳子

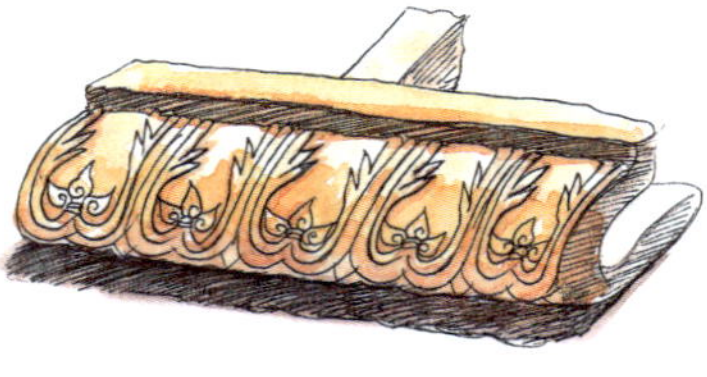

上枭

用在琉璃影壁的须弥座上，承托上枋，露明部分施釉并雕以俯仰莲瓣，又称巴达马。此件为故宫琉璃门上的构件。

用在琉璃影壁的须弥座上，是须弥座土衬之上的最下一层，其端头外轮廓常做成形同古代琴桌桌腿的形象。此件为故宫琉璃门上的构件。

圭角

玛瑙柱

用于琉璃影壁须弥座的四角。以须弥座束腰衔接，起烘托基座、突出线条的作用。露明部分做成有雕饰纹样的圆柱体。背面做出榫头与墙体连接。此件为故宫琉璃门上的构件。

安装在琉璃影壁壁身正面的四个角上，三角形，露明面雕饰各种装饰纹样，如龙、凤、花草、仙鹤等。背面有洞眼，穿拉铁丝与墙体固定。此件正面雕有花卉纹饰，为故宫琉璃门上的构件。

岔角花

五

阿乐所钟爱的故宫颜色

阿乐所钟爱的故宫颜色

画了好一阵故宫风景后，检查自己的颜料盒，发现有几个颜色掉得特别快，想必是非常喜欢。于是归纳总结了一下，有了这篇文稿。

棕色

树干的颜色

棕色是令人感到踏实的大地色，一般由赭石与熟褐调和而成。总是喜欢用棕色来画线稿，它会为整幅画带来一些怀旧感，而这似乎也已成了我的个人特色。所以如果你看到用棕色做线稿的故宫风景画儿，那多半是我画的呢。

小美（猫的名字）的颜色

蓝色

天空的颜色

蓝色是我最最喜爱的颜色了。几乎所有衣服都是蓝色的。不论是浅蓝、深蓝、湖蓝还是群青……都非常喜欢。这些颜色不需要掺杂其他，单独使用就很好看。蓝色与白色在一起搭配更是令人联想起水手的海魂衫，是属于青春的颜色。

明正统青花麒麟翼龙图盘局部
（现展陈于故宫博物院陶瓷馆内）

绿色

树叶的颜色

明陶黄绿釉男俑
（现展陈于故宫博物院雕塑馆展厅内）

绿色是我第二喜欢的颜色了。不论是草绿、深绿、橄榄绿还是墨绿……样样喜欢。绿色是生机勃勃充满朝气的颜色，而蓝色和黄色混合在一起调成的绿色会格外鲜活。

红色

红墙的颜色

明嘉靖五彩鱼藻纹盖罐局部
（现展陈于故宫博物院陶瓷馆内）

红色中我比较青睐接近砖红的颜色。用深红加一些赭石调和而成。它没有大红色那么艳丽、有侵略性，而是更加地温婉内敛。或者是朱红色——红中加了黄，增添了些许活泼。再或者是豆沙色——红里加了些灰，降低了饱和度，却增加了柔和与含蓄。基本上买口红选这几个颜色就对啦。

黄色

黄色系里我不喜欢金灿灿的柠檬黄、中黄，但还挺喜欢经历了时间的洗礼、岁月的打磨后，所呈现的那种不张扬的土黄色的。也是比较踏实低调的色系。

琉璃瓦的颜色

慈宁宫门口的影壁

白色

白色是纯净的颜色，别看它是没有色彩倾向性的无彩色系（也称中性色），却能很好地调和其他颜色并起到衬托的作用，且单独使用也不突兀。是名副其实的明明本身很出众，却甘愿做绿叶的颜色。

天气好时天空里
云彩的颜色

以上就是我所喜爱的故宫颜色，你们所喜爱的故宫颜色是什么呢？

小白（猫的名字）的颜色

特别加映 一

紫禁城透风纹样识略

透风，也称通风口，是明清宫廷建筑中常见的一种建筑构件。阿乐走访紫禁城内大部分宫殿，收集并绘制其透风图案，尝试对其纹样类型进行大致的归纳总结，对其纹样构图形式进行分析，对其纹样的配设规制及其与宫廷等级的关系等进行初步探讨，以兹与古建爱好者或研究人士分享其有趣之处。

2019 年 1 月春节前夕，养心殿区古建修缮人员于养心殿西配殿南山前檐的透风中发现了一份可能为道光四年的“除夕承应”戏折，透风因而引起了许多关注。其实，穿行于紫禁城各轴线的宫院之间，若向周围逡巡张望，便会在多数殿宇的后檐墙和两侧山墙上看到大量布局有序的透风。中国宫殿建筑长期沿袭着木构梁架结构的传统，木质立柱承担着建筑本体最主要

透风所在位置示意图一

透风所在位置示意图二

的承重作用，并经常被整体包裹夹砌于厚实的砖墙之中。因此，防止木柱因受潮折毁而危及宫室安全便成为营造工匠重点关注的方面。为避免夹砌于砖墙中的木柱受到地下湿气和墙体中湿气的侵蚀，立柱下须垫以石质柱础，再以烧制温度低、吸水性极强的砖红色小板瓦环绕木柱垒砌一圈与墙体同高的套管，管壁并未与立柱贴合，而是预留出一圈空间（如图所示）。再于宫室后檐墙和两侧山墙，与立柱上、下两端或下端对应的位置安设透风，如此即可确保立柱所处空间空气流畅，墙体湿气可以及时排出。因此，透风实际是防护木质立柱受潮设施体系中的关键配件，对于确保宫室支撑安全和使用年限具有极其重要的作用。但或许因其属于小型瓦作和装饰散件，并未见于《清式营造则例》中。本文以初步实地调查资料为基础，尝试探讨紫禁城透风纹样的类型、构图形式、配设规制及其与宫室等级的关系，祈请方家指正。

透风又称“柱窗”“透气儿”，陶质，青灰色，尺度大小不一，多呈长方形或方形，剖面较单薄，整体质地疏松，易于雕镂，是一块有着镂空图案的砖雕。四周留出边框，其内以剔地浅雕与透雕的技法结合，刻镂出类型众多的纹样，如此便可以兼顾宫室的外围装饰和透气功用。紫禁城透风数量巨大，雕镂纹样类型繁复，凡规模稍大的宫室建筑中皆成套配置透风，且不同类型、等级的宫室建筑所配透风的类型亦有不同。

一、透风纹样的类型

紫禁城透风所展现的具体题材内容虽然繁复多样，但雕刻纹样的主题设计思想是以不同类型的动植物等图案纹样象征富贵祥瑞，或以不同题材组合构成吉语图案。具体而言，可细分为如下几种类型。

第一类：草木花卉纹样

该类图案在透风纹样中最为常见，属于透风主体表现样式。纹样多为单株草木花卉，有的配以山石、水波或花盆。包括牡丹、荷莲、松、竹、梅、兰、菊、水仙、海棠、芍药、灵芝、宝相花、石榴、卷草、芭蕉、瓜蔓等。其中，牡丹、灵芝、宝相花、石榴、瓜蔓象征富贵吉祥灵瑞；荷莲、松、竹、梅、兰、菊、水仙象征高洁贞德；海棠、芍药、卷草、芭蕉等则更富于装饰意义。

翊坤宫

永寿宫

永和宫

永和宫

永和宫

景仁宫

景仁宫

景仁宫

景仁宫

昭德门

昭德门

昭德门

承乾宫

承乾宫

承乾宫

承乾宫

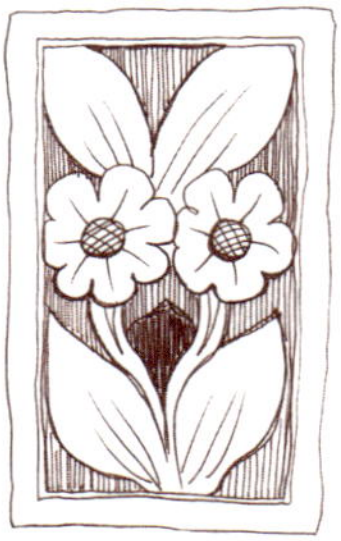
慈宁花园

弘义阁西侧

弘义阁西侧

弘义阁西侧

弘义阁西侧

干肉处激桶处

干肉处激桶处

干肉处激桶处

干肉处激桶处

干肉处激桶处

干肉处激桶处

干肉处激桶处

干肉处激桶处

太极殿

太极殿

太和门

太和门

太和门

南三所西所

南三所中所

内阁大堂

乾清门西侧内
右门夹道

乾清门西侧内
右门夹道

乾清门西侧内
右门夹道

乾清门西侧内
右门夹道

乾清门西侧内
右门夹道

乾清门西侧内
右门夹道

乾清门西侧内
右门夹道

贞度门与太和门
交界处

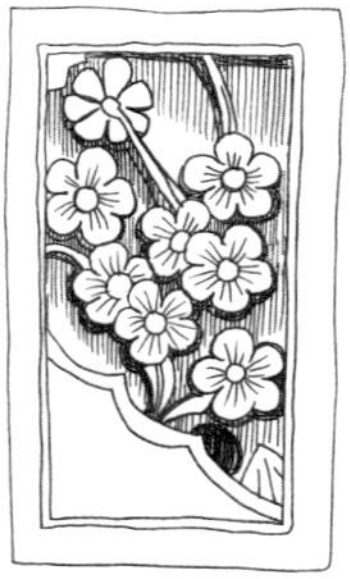

贞度门

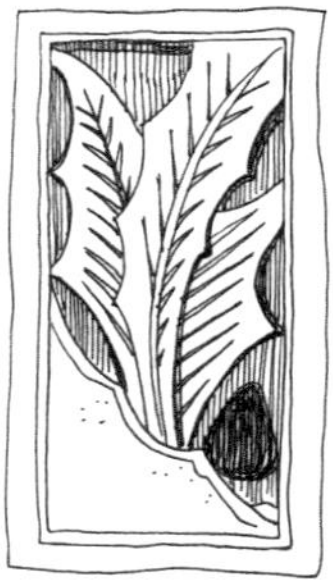

贞度门

翊坤宫

乾清门东侧内
左门夹道

乾清门东侧内
左门夹道

乾清门东侧内
左门夹道

乾清门东侧内
左门夹道

乾清门东侧内
左门夹道

乾清门东侧内
左门夹道

第二类：动物纹样

纹样主体为一只动物，根据是否雕出组合图案，可再分出两类。一类单纯雕出形态各异的动物，另一类构图则较为复杂，在动物背后或两侧雕出草木、花卉、山峦、湖石、祥云，作为背景衬托，与动物相互呼应。动物种类包括狮子、虎、牛、羚羊、兔子、松鼠、马、鹿、猴等。

保和殿

保和殿

干肉处激桶处

干肉处激桶处

景祺阁

景祺阁

寿安宫

寿安宫

寿安宫

寿安宫

寿康宫

寿康宫

寿康宫

寿康宫

寿康宫

寿康宫

寿康宫

寿康宫

协和门以北至
体仁阁东侧

第三类：花鸟组合纹样

最常见的题材为，瑞鸟位于花草枝叶之上，或展翅飞腾，或顾首俯视，花草则多从嶙峋山石中冒出。此外，还有少量透风表现了仙鹤亮翅等图案。

干肉处激桶处

干肉处激桶处

干肉处激桶处

古建部

乾清门东侧内
左门夹道

乾清门东侧内
左门夹道

寿康宫

寿康宫

寿康宫

翊坤宫

永和宫

永和宫

第四类：吉语祥瑞纹样

该类透风构图主体以传统祥瑞意象象征多种吉祥语，最常见的吉语祥瑞包括以下几种：

1. 麒麟卧松。麒麟集狮头、鹿角、虎眼、麋身、牛尾、龙鳞于一体，主太平、长寿、祥瑞，象征仁德与吉祥，只出现于太平盛世，古人称其为仁兽。松树是常用的长寿、绵长的意象。因此，此组纹样组合寓意瑞气长存。

2. 福在眼前。此类纹样为倒悬或飞翔中的蝙蝠口衔铜钱，“蝠”与“福”同音，“钱”同“前”谐音，圆形方孔钱的中央方孔或称“钱眼”。因此，此组纹样组合象征“福在眼前”，希冀福祥富贵。

3. 喜鹊登梅。刻镂一只或两只喜鹊飞登盛放的梅花枝头：喜鹊为报喜瑞鸟，象征嘉运福瑞；梅花于冬春交会之际盛放，寓意吉祥、喜庆的到来。因此，此组纹样组合寓指“喜上眉梢”“喜报春光”，双鹊则借指“双喜临门”。

4. 天马、海马。天马生有羽翼，常作驰骋奔腾之状，是威严和武力的象征。海马常作回首顾望之状，足下常踏有海浪、岩石，象征忠勇与吉祥、智慧与威德。

5. 佛八宝纹。此纹又称八吉祥纹，源自藏传佛教，流行于明清时代，八宝分别指“轮、螺、伞、幢、花、瓶（罐）、鱼、长”。法轮象征佛法圆轮，代代相续，象征生命永不止息。法螺表示佛音吉祥，遍及三界，象征嘉运常在。伞盖象征广覆一切，开合自如，护佑众生。宝幢意指摧伏诸恼，广大成就。莲花象征清净无染。宝瓶（罐）表示财富吉祥。金鱼象征自由超脱，意指成就通达智慧。吉祥结（长）象征万物回转贯通，永无穷尽，成就广大圆满。

6. 龙凤呈祥。这类形象是最为经典的吉祥意象，象征吉祥瑞气。

麒麟卧松
（永寿宫）

福在眼前（乾清门西侧内右门夹道）

天马或海马
（寿安宫）

喜鹊登梅一
（寿康宫）

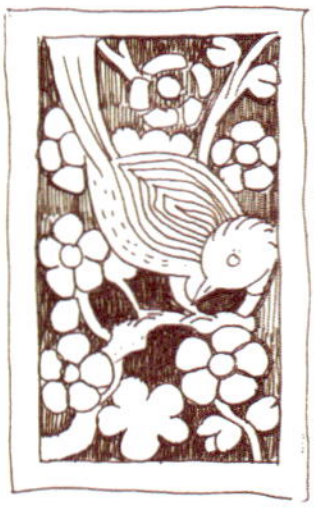

喜鹊登梅二
（翊坤宫）

喜鹊登梅三
（永和宫）

佛八宝纹
（弘义阁）

龙凤呈祥　龙
（保和殿东侧）

龙凤呈祥　凤
（寿康宫）

第五类：几何纹样

此类图案纹样的透风较为少见，构图主体样式较为简略。多以组合的几何形纹样表现，包括多个组合的佛教“卐”字符，单体篆书“寿”字纹，菱形、圆环形及圆形方孔钱等。

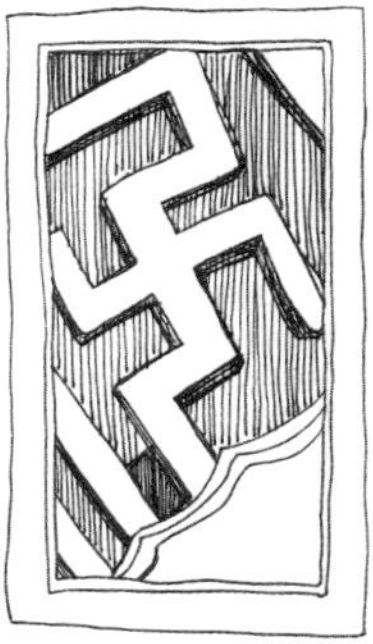

“卐”字符（昭德门）

“寿”字纹（协和门以北至体仁阁东侧墙）

菱形（箭亭东侧墙）

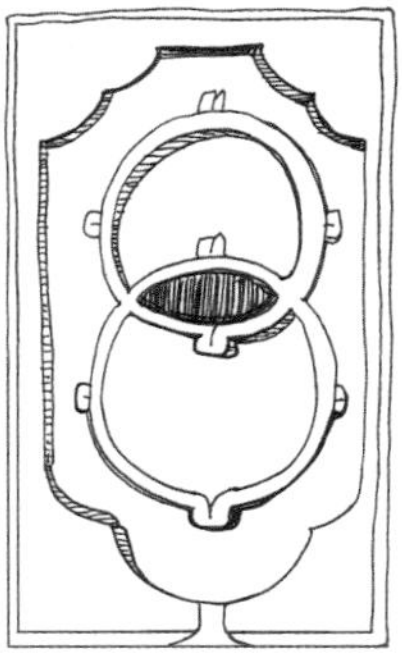

圆环形（箭亭东侧墙）

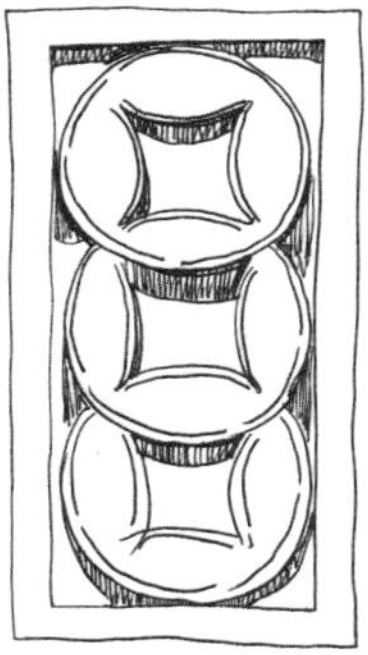

圆形方孔钱（翊坤宫）

二、透风纹样构图形式

透风纹样构图形式多样灵活，以浅浮雕占据画幅主体，透雕镂空面积较小，孔洞分布零散，不会出现大面积镂空留白，如此既可以保证气流流通顺畅，又能凸显画面的主体题材，并可以遮挡体型稍大的动物通过镂孔进入板瓦套箍的空间。整体考量，紫禁城透风纹样的构图形式包括以下几种类型。

第一类：单体“S”式构图。此种透风构图形式颇为常见，多以单株花木的正反“S”形造型表现，整个画面平稳持重，匀称典雅。

第二类：双体“S”组合对称式构图。多以对称布局的双株花木的正反“S”形造型表现，实际是将第一类单体“S”式构

单体“S”式构图（弘义阁西侧）

双体“S”组合对称式构图（工程管理处前）

中轴对称式构图
（乾清门东侧内左门夹道）

场景式构图（干肉处激桶处）

图以对称布局的形式组合而成。

第三类：中轴对称式构图。以透风纵向中线为中轴线，两侧图案大致对称分布。几何纹样图案多以此种形式表现构图。

第四类：场景式构图。此种透风构图形式极为常见，以草木、花卉、山峦、湖石、祥云等作为画幅后方背景衬托，前方主体表现动物或瑞兽形象，前后透视效果突出。

三、透风纹样的配设规制

如前文所述，紫禁城的透风一般分布于宫室的后檐墙和两侧山墙的外墙面，与立柱上、下两端或下端位置相对应，根据宫室体量和墙面面积的不同，所配置使用的透风数量会有相应的变化。这些透风纹样并非各自孤立零散分布，而是在内容上存在相互间的内在关联，以组合的形式使得各纹样题材彼此对应、相互映衬。考察透风纹样的组合关系首先需要辨识和区分哪些位置的透风是经过后期或现代重修替换的，因为这些替补的透风很有可能已经打破了原初透风组合的排布规律，违背了原先透风布局的规划设计思想。例如，太和殿西面中列下层的动物纹样透风、保和殿东面北列下层的凤凰纹样透风皆为后期重新嵌入，明显打破了后文所述这两处宫殿透风的排布规律。在具体考虑透风配设规制时，需要从以下几个维度切入。第一，同一根立柱所对应的纵向透风之间的组合关系。第二，同一面墙体多根立柱对应透风上层与下层之间及整面墙体所呈现出的组合关系。第三，同一座宫殿左、右两侧和背面墙面透风纹样题材之间的内在关联和对称关系。

经过笔者初步调查发现，紫禁城透风的确呈现出上述几个维度的组合排列规律，原初在营造殿室门宇时，存在较为固定的透风配设规制。如太和门左、右侧壁皆为上、中、下三层透风，透风纹样题材皆为草木花卉纹，两侧壁下层皆为荷莲纹。作为三大殿之首的朝会正殿太和殿左、右、后三面墙面皆配置上、下两层透风，左、右侧壁上、下层纹样皆为花卉纹组合，且两壁花卉种类较为接近。后壁上层透风为花卉纹，种类同于左、右两侧壁上层透风，下层透风则皆为狮子、麒麟、天马、鹿等动物瑞兽纹，从而形成后壁上、下层花卉与动物瑞兽纹样的组合规制。三大殿中的保和殿同样可以看出透风纹样的组合关系。该殿左、右、后三面墙面皆配置上、下两层透风，且三面墙面透风纹样皆为花卉纹组合。皇太后、皇太妃、嫔妃居住的正宫慈宁宫左、右、后三面墙面只于墙体下部配置一层透风，且三面墙面透风纹样皆为花卉纹组合。寿康宫正殿及两侧配殿、后殿左、右、后三面墙面皆配置上、下两层透风，上层多为喜鹊登梅的花鸟纹样，下层多为狮子、羊、鹿、兔、猴、松鼠的动物纹样，从而呈现出左、右、后三面墙上层喜鹊登梅与下层动物纹样的组合规制。除上述地位显赫、等级意义鲜明的宫城建筑外，其他一些附属性建筑的透风也可看出纹样的组合排布规律。如乾清宫两侧的内左门、内右门巷道的透风，皆配置上、下两层，且透风纹样皆为花卉纹或花鸟纹。其中的景仁门正面两侧透风皆为上、下两层，上层纹样皆为花鸟纹，下层左侧为兔，右侧为鹿，体现出上、下层花鸟与动物纹样的组合特征。太和门与东、西两侧昭德门、贞度门之间的连墙墙面上也连续分布有上、下两层透风，且多为花卉、花鸟纹样。

四、宫室等级与透风纹样规制

紫禁城作为明清时代国家的都城，是以建筑形式对国家权力中心的具象化表现，等级化和制度化的特征极为突出，这样的特征在透风的使用配置上也可以大致看出一些线索。宫室建筑根据性质和等级的不同，其所配置的透风纹样的规格尺寸和题材内容也呈现出一些类别差异。例如，外朝正殿太和殿及其前方的正门太和门、保和殿透风体量稍大，尺寸大于其他建筑透风。太和门两侧出现三层透风，太和殿出现花卉纹和动物瑞兽纹组合。慈宁宫、寿康宫、寿安宫和皇帝内朝的乾清宫及其他附属建筑的透风体量稍小，出现花卉纹和动物纹组合。中路两侧墙面上的透风规格更小，有的位于墙面中部，以花卉纹为主体。要研究宫室等级与透风相互对应的配设制度，需要对紫禁城内的建筑透风进行全面、系统的实地调查，本文只是在初步调查资料的基础上略作推论，细致、深入的工作有待日后继续展开。

特别加映 二

关于画故宫的访谈：听听阿乐怎么说

编者按：在编辑此书的过程中，于阿乐画笔下看到了故宫亲切可爱的一面，也被阿乐对故宫的深切情感打动，由此渐渐对阿乐的创作初衷和创作过程产生了好奇。于是有了这份问答，阿乐在其中跟我们分享了画故宫背后的故事。我们一起来看看吧。

一　你为什么选择现在的这份职业呢？是什么促使你开始画故宫？

其实都是出于喜欢，但最主要的还是因为幸运，不论是应聘还是画画。我自小就喜欢画画，大学专业也与艺术相关。来故宫工作后，每天能看到很多美丽风景，就很自然地萌生了把它们记录下来的念头。最初的几年里一直停留在有一搭没一搭、琐琐碎碎的绘制中，2016 年 4 月起才开始集中大密度地画故宫风景。细究之下，原因有二：一来是因为之前自己不论画技还是知识储备都尚有欠缺，有些力不从心，这几年日渐成熟，也比较有底气来驾驭这个主题；还有一个很重要的原因是在单位最好的朋友（同时也是同事）2018 年退休了，我想在她退休前把她经常路过的故宫风景画下来送给她留作纪念，这是初衷。

二　你每天做这件事情要花多少时间？如何平衡工作和画画时间呢？

工作时间就跟其他普通上班族一样是朝八晚五。工作日里，画画主要集中在午休的一个小时里。有时工作日会早上早来一点或者下午下班晚走一点，用来画画。周末的时候，偶尔也会来单位画画。具体时间不好计量：时间富裕

（比如周末）就画得细致些、尺寸大一些，一张画两小时；平时午休时间紧就画一些小幅的，时间也短些。所有的画都尽量保持在一定的水准之上。因为画画都是选在下班或者午休时间进行，所以还算能兼顾。而且做喜欢的事情往往挺开心，抵消了一部分工作带来的疲惫，也就不会觉得特别累。但是说到底还是因为幸运吧。

三　在选取自己所画的主题时，会有哪些因素在起作用呢？你最喜欢画的题材是什么？

主要是以自己的喜好为出发点，比较随性地画。自己平时对小动物、建筑、稀奇古怪的事物比较喜欢，发现了就会记录下来。有时候会随身带个小本子，看到上述好玩儿的就画下来。

四　画到现在，故宫的画大概有多少了？一般使用什么画画工具呢？

故宫的画现在大概有数百幅了，其中部分画收录进了故宫“小确幸”主题的文创笔记本中。后来机缘巧合，于2017—2019年在《紫禁城》杂志上连载了专栏《阿乐画故宫》。这期间画画工具以固体水彩为主，后来也用过一段时间彩色铅笔，画风比较清新。现在五年过去了，最近使用iPad的procreate

软件以及 Pencil 2 进行板绘的情况比较多，画风凝重了一些。使用工具似乎在不断更换，画风也有所改变，但其实主题一直没变。

五　画故宫让你发生了哪些改变呢？

画故宫的过程令人变得耐心，也能发现一些平日里忽略的细节。比如画陶瓷馆的三彩胡人俑的时候，我才注意到原来胡人的肩上坐着一只猴子（之前看过很多次都完全没注意到这点）。还有就是因为画故宫而变得对故宫里的路线以及各个门和宫殿都熟络起来，遇到游客问路也能帮忙指路了。路痴如我辨别东南西北的能力也有所提高。

六　在画故宫的过程中，发生过什么有意思的事情吗？

曾经有一大群小朋友围过来看我画画，然后建议我拿着画儿给他们校长看，这样我就可以当他们的美术老师了，其实就我的能力实在受之有愧。还有一次是一个小女孩和我说她也好喜欢画画，要我借给她纸笔，她和我一起画陶羊和陶马。后来她妈妈来喊她，她小心翼翼地把画笔放回我的笔盒。我想抬头和她道别时，她已经走出门去，消

失在了雨中。一起画画的感觉很开心。

七　你会继续做这件事情吗？

我想我还是会一直画下去，因为还有很多感兴趣的主题没画完。但保持何种频率、画何种题材目前还说不好，也许有一天会转移兴趣和热忱到其他主题上。人生短暂，精力有限。就尽量把有限的时间浪费在喜欢的事上好了，画画算是一个吧。

八　除了故宫，你还有什么感兴趣的画画主题吗？

我还挺想画画我的工作内容，这一直是个心愿。会好好计划具体内容和表现方式，希望未来能有机会实现。

九　可以分享下在故宫工作的感受吗？

据我对自己和周围人的观察，感觉其实大家和普通人没什么不一样：不论是工作中还是生活里，都有酸甜苦辣和喜怒哀乐，面对的问题也相差不多。唯一区别可能是：比较幸运地进入故宫工作，也希望自己能时时感恩这份殊荣。扪心自问，也不过就是众多故宫员工中渺小的一份子，一枚很小的螺丝钉。希望自己能在尽力把本职工作做好的同时，记录周边的风景。更希望大家能忽略我这个人，但透过我的眼睛，发现这里的美好。

十 这本书的出版，对你来说意味着什么？

意味着终于如当初所愿，可以把好友经常路过的故宫风景画下来，缉合成书交给她做退休纪念了，虽然时间确实有点晚。另外，我一直认为自己实在算不上画家，只能算是个记录者。加之自己从小就有“画日记”的习惯，所以这本书也像是自己在一段时间内将周遭所发生的点点滴滴，像记日记一样真诚地记录后的总结；更意味着一个节点，但并不是终点，因为画画还在继续。

特别加映 三

阿乐的推荐书单

阿乐平素很喜欢在公众号上写的一个版块叫“宅家看片清单”，内容涉及电影、书籍、音乐、电视剧等各个类别。故而本篇也承接此传统，只不过内容略有不同：这次来说的是阿乐手边常备的、和画本书有关的故宫主题书籍，类型涉及工具书、回忆录、科普读物三种。以下则是具体清单。

一、工具书

《故宫辞典》（增订本）——万依主编

几乎每天都在翻的书。顾名思义，属于故宫相关建筑、文化、习俗、史事的百科全书。非常实用，且内容全部为白话文书写，通俗易懂。也是日常答疑解惑必备之书。

《清宫述闻》（初续编合编本）——章乃炜等编

分上下两册，也属于集结了各类与故宫相关资料于一体的书。其中内容获取途径包含：官方典章、实录、日记、年谱、文集等。以故宫各区域建筑为目录，辅以相关制度、历史背景、人物逸闻等。和《故宫辞典》的不同之处在于：内含大量文言文，阅读起来颇为困难，但涵盖范围比前者多，所以也是有用且值得一看的参考书籍。

《〈营造法式〉注释》——梁思成著

本书为梁思成先生的遗作，是一部为古籍注疏性质的学术著作，也是中国古籍中最完备的一部建筑技术专著，更是研究宋代建筑乃至中国古代建筑的一部必不可少的参考书。该书十分难读，除非对古建筑特别有兴趣，或只是借助其搜索专有名词，否则看之味同嚼蜡。

《日下遗珍：北京旧城四合院建筑文物研究》——董绍鹏、温思琦著

虽然豆瓣评分不高，但能成为手头长久藏书的主要原因在于阿乐对老北京古建筑题材的喜爱。该书作者用了六年时间实地走访，收集了大量古建筑部件，并对其类型、纹样进行归类。古建普查十分全面深入，整体文字叙述也相对通俗，令该书非常有趣且兼具实用性，比《〈营造法式〉注释》易读很多。按图索骥，效率奇高。

二、回忆录

《宫女谈往录》——金易、沈义羚著

这是一本看了又看、本以为不会再读、断舍离后又买回来的书，足见其好。本书作者以生动的笔触，记述了一个随侍慈禧太后前后长达八年之久的宫女何荣儿对往事的追忆。内容涵盖清廷的习俗、节气、讲究、饮食……再有就是对往事的记录，故而得名《宫女谈往录》。

《我的前半生》——溥仪著

《我的前半生》为爱新觉罗·溥仪在抚顺战犯管理所服刑期间撰写的忏悔录。作者从自己的家庭背景写起，回顾了他入宫做皇帝、遭遇辛亥革命、退位、民国成立、北洋军阀混战、出宫、客寓天津、做满洲国皇帝、逃亡，直至接受改造，成为普通公民的全部历史。虽然作者在本书中的忏悔口吻,略影响阅读体验，但阅读此书一石二鸟，看故事的同时还能把相关历史知识给补上，实在是好上加好。

另外，吴瀛的《故宫尘梦录》和庄士敦的《紫禁城的黄昏》也可以作为泛读之选。前者为吴瀛之子所整理的吴瀛的《故宫二十五年魅影录》手稿，属于以个人视角窥见故宫历史大事件的回忆录；后者则是曾为溥仪老师的庄士敦之个人叙述。虽然其外国人的身份令书写后翻译成中文的版本读起来略显生硬，且回忆录本身并不算严谨客观，还富于强烈的个人情感色彩，

但还是那句老话，通过翻看回忆录或是口述史，一个时代的风貌就能逐渐清晰起来。

三、科普读物

《清朝穿越指南》——橘玄雅著

如今打开各大视频网站，古装剧的题材以穿越居多。有时也会畅想，如果真的回到清朝，要保持如何的行为处事风格，才能不至于过早“露馅儿”。如果你也有同样的疑惑，那就可以通过本书认真了解下相关的知识。最近更发现该书出了续集，准备赶紧入手翻看。

《喵王府的生活》——橘玄雅著

《清朝穿越指南》作者的另一本书。看点是将清宫虚拟作猫咪王府,时代则定在了清朝道光年间。作者在书中细数此间讲究、饮食、出行……因为猫咪的加入，更富有趣味性。最近伊又出了本《清代后妃杂识》，一并安利给大家。

我们一起画小画儿

请画下你心目中的故宫风景吧!

“在故宫”丛书

玉见故宫：国宝玉器里的中华

徐琳 著

我在故宫画小画儿

陈乐 绘著

防患于未“燃”：故宫历史上的火灾与消防（待出）

周乾 著

嘉礼大婚：走近清代帝王婚礼（待出，暂定名）

任万平 著

万仞宫墙：我在故宫的探索之旅（待出，暂定名）

王子林 著

食天下：清代宫廷饮食（待出）

苑洪琪 著

颠沛的国宝：故宫南迁文物寻踪（待出）

徐婉玲 著

从“总统府”到紫禁城（待出）

刘潞 著

故宫藏品中的时令风物（待出，暂定名）

谢菲 著